RASPBERRY PI

Guía esencial para principiantes aprende todo sobre la programación de Raspberry Pi de la A a la Z

LOGAN PRATT

Tabla de Contendo

Introducción

Cuando ves un juego de última generación, te preguntas: ¿cómo se hace? Bueno, además de todo el diseño gráfico presente, alguien (normalmente un equipo) tuvo que programar todas las acciones del juego. Por supuesto, esta tarea es compleja, pero nada nos impide empezar con juegos y aplicaciones más simples.

Aprender a programar puede ser una actividad sencilla y divertida si comienzas de la manera correcta. Elegir el primer lenguaje de programación es muy importante, ya que algunos no son adecuados. Tienen una sintaxis compleja, y esto puede complicar el aprendizaje y desalentarlo.

La asignatura de programación a veces se convierte en la gran responsable de la evasión de los estudiantes en los cursos de computación. Terminan perdiendo tiempo tratando de entender la sintaxis, mientras que lo más importante es aprender la lógica de programación.

La programación no debe ser vista como algo difícil, sino como un arte, se puede utilizar en prácticamente todas las áreas. Puede crear desde aplicaciones simples hasta simulaciones del mundo real y juegos complejos.

Más que sólo enseñar, el objetivo de este libro es estimular al lector a disfrutar de la programación. Para ello, se eligieron herramientas y ejemplos sencillos para estimular al lector a programar. Por lo tanto, el aprendizaje fluye de forma natural y divertida.

El idioma inicial elegido fue Scratch. A través de ella se construirán juegos interesantes sin tener que escribir ninguna línea de código, simplemente arrastrando y soltando bloques de comandos listos.

En la siguiente fase, se muestra cómo hacer pequeñas aplicaciones a través de líneas de código. El lenguaje utilizado es Python, que presenta una sintaxis simple y organizada.

También es posible construir juegos en Python, y esto se hace con la ayuda de la biblioteca Pygame. Se le mostrará cómo construir los gráficos y la lógica de varios juegos.

Así, el viaje comienza en la programación. Más que entender cómo funcionan los juegos y programas, puedes construir los tuyos propios.

La programación de software informático es considerada por muchos estudiantes, el "terror" al entrar en cursos de computación e incluso, muchas veces, en cursos que en algún momento utilizarán la programación informática. Muchos estudiantes ven los cursos de computación como cursos triviales, en los que no encontrarán muchas dificultades durante los semestres.

Como en cualquier disciplina académica, todo el conocimiento se transmite gradualmente, pero muchos estudiantes en el curso de sus estudios son incapaces de absorber este conocimiento en las etapas propuestas. En algunos casos, las herramientas de enseñanza utilizadas al principio del aprendizaje del alumno se consideran inapropiadas, ya que se espera que los estudiantes ya tengan algún tipo de conocimiento en lenguajes de programación. Los expertos consideran que las herramientas introductorias de la programación son herramientas que tienen una sintaxis grande y compleja, siendo más adecuadas para entornos que desarrollan grandes proyectos.

Otro problema encontrado es que en algunos casos los estudiantes entran en cursos de computación sin tener sed de conocimiento. Eben Upton y Gareth Halfacree, en el libro Raspberry Pi - Manual del usuario, en 2005 señaló que los estudiantes que deseaban estudiar Ciencias de la Computación en la Universidad de Cambridge tenían poco conocimiento en lenguajes más simples, como PHP, y poco conocimiento en lenguaje de marcado, como HTML, a diferencia de los estudiantes que solicitan un puesto en la década de 1990. Conocían varios lenguajes de programación, conocimiento de hardware y a menudo conocían idiomas difíciles de trabajar, como Assembly.

A lo largo de los años, se han realizado muchos estudios sobre el tema. Podemos encontrar alguna literatura que indique el uso de herramientas lúdicas de enseñanza como esenciales para la enseñanza del lenguaje de programación informática en los primeros años para los estudiantes de cursos de informática o que utilizarán un lenguaje de programación en varios otros cursos. Así, surgió la siguiente pregunta: ¿cómo podemos contribuir al aprendizaje de los estudiantes en las disciplinas de programación en los primeros años?

Seymour Papert defiende la teoría del construccionismo, para la cual cada individuo es capaz de construir su propio conocimiento. Basándonos en la teoría de Papert, decidimos desarrollar este libro usando lenguajes de programación Scratch, Python y su biblioteca Pygame, y la placa lógica Raspberry Pi. El libro propone la enseñanza de la programación informática de forma más sencilla y clara, teniendo que apoyar los lenguajes de programación mencionados anteriormente. Estos lenguajes se pueden utilizar a través de la placa lógica Raspberry Pi o incluso en un ordenador personal. Dichos idiomas se ajustan al concepto de Software Libre, es decir, no tiene que pagar para usar, y el resultado se puede copiar, distribuir, cambiar, mejorar y ejecutar sin ninguna restricción.

El libro se dividió en 7 (siete) capítulos, teniendo como objetivo la construcción gradual y secuencial del conocimiento del estudiante. El primer capítulo, "Introducción a Raspberry Pi", estudia la placa lógica Raspberry Pi. Esta placa fue desarrollada para que los estudiantes pudieran aprender más sobre el hardware de una computadora. A través de él, puede desarrollar varios proyectos, desde un videojuego a un clúster (para ello, necesitará varias placas lógicas Raspberry Pi). A diferencia de un ordenador que tiene un armario y es más barato que un portátil, esta placa sólo necesita unos pocos periféricos para que funcione perfectamente.

En el tercer capítulo, "Scratch", comenzaremos a aprender a programar. Este capítulo se centra en el desarrollo de la lógica de programación, por lo que el estudiante utilizará un lenguaje para el desarrollo de proyectos lúdicos a través de una plataforma que utiliza comandos listos para arrastrar y soltar. Con esto, el estudiante construirá todos los comandos de su proyecto como si estuviera montando un juguete LEGO.

El lenguaje Scratch está indicado para el inicio del aprendizaje en programación precisamente porque tiene los comandos listos, divididos por bloques (Movimiento, Sonido, Eventos, Control, Apariencia, etc.). Esto hará que sea fácil para el estudiante aprender, ya que tendrá en su pantalla todos los comandos necesarios para el desarrollo de su proyecto, además de ver de una manera muy ilustrativa que su proyecto se desarrolle y ejecute codo con codo con los comandos.

En el cuarto capítulo, "Python", se notará la primera diferencia en el desarrollo de proyectos de programación: los estudiantes comenzarán a utilizar un lenguaje de programación que necesita que los códigos se escriban a través de

las líneas de comandos. Python se está indicando como el segundo lenguaje de programación ya que los estudiantes ya han despertado la lógica de la 'programación informática a través del lenguaje Scratch.

Para el desarrollo de proyectos utilizando el lenguaje Python, Shell debe ser utilizado, que es el lugar donde podemos escribir las líneas de comandos en el lenguaje Python. Con Python, los alumnos pueden comenzar a familiarizarse con un lenguaje cuyos comandos deben escribirse, ya que la gran mayoría de los lenguajes de programación dependen de comandos escritos, a diferencia de Scratch, en el que usamos comandos listos para arrastrar y soltar.

Python es un lenguaje bien desarrollado. Para que un proyecto se ejecute correctamente, los alumnos, además de colocar los comandos correctos, tendrán que saber cómo aplicar sangría (colocar el espaciado correcto) el programa, contribuyendo así a la creación de un programa más limpio y fácil de entender.

Los capítulos 5, 6 y 7, "Pygame", trae una extensión de Python, tu biblioteca de Pygame. Después de que el estudiante despierta su lógica de programación en Scratch, aprende a escribir los códigos a través de líneas de comandos, y desarrolla un proyecto con la sangría correcta, el estudiante puede utilizar una biblioteca muy rica en funciones para el desarrollo de juegos lúdicos a través del comando Líneas.

Pygame cierra este libro con una llave de oro porque con el paso del tiempo y con un mejor conocimiento de los lenguajes de programación, el estudiante se sentirá motivado para desarrollar un proyecto más rico en detalles, haciendo su trabajo más complejo.

Todo este material fue desarrollado para transmitir conocimientos en el lenguaje de programación. Se estudiaron muchas herramientas, y encontramos en los lenguajes Scratch, Python y Pygame lo mejor para que los estudiantes de programación informática puedan aprender sobre el mundo fantástico.

5

Capítulo Uno

Introducción a Raspberry Pi

En 2006, Eben Upton, Rob Mullins, Jack Lang y Alan Mycroft decidieron crear una computadora pequeña y asequible para niños en el laboratorio de la Universidad de Cambridge en Inglaterra. Eben Upton, director de Estudios de Informática de la universidad, había observado que los estudiantes que solicitaban participar en el laboratorio de Informática de la Universidad no tenían las mismas habilidades y dominio de las máquinas que los estudiantes de la década de 1990. En ese momento, los niños de 17 años que querían tomar estos cursos ya estaban en la universidad con conocimientos de lenguajes de programación y operación de hardware; algunos incluso estaban trabajando con el lenguaje Assembly.

El primer prototipo de la pequeña computadora apareció en la mesa de la cocina de la casa de Eben. El y sus amigos comenzaron a soldar, en un protoboard con un chip Atmel, algunos otros chips de microcontrolador baratos para monitorear un televisor. El proyecto tenía sólo 512 K de RAM, llegando a unos pocos MIPS de procesamiento.

El gran desafío era hacer que esta pequeña computadora fuera atractiva para los niños, ya acostumbrada a sofisticados juegos electrónicos y iPads en ese momento.

Más tarde, discutiendo el proyecto y el estado general de la enseñanza de las ciencias de la computación, Eben Upton y sus colegas de laboratorio, Rob Mullins, Alan Mycroft, Jack Lang, Lomas y David Braben, decidieron crear la Fundación Raspberry Pi.

El nombre Raspberry Pi fue elegido como equipo. "Raspberry" es la fruta de raspberry pi; la elección siguió la tradición de nombrar empresas y computadoras después de frutas -Apple, Naranja, Albaricoque... "PI" es una abreviatura de Python, el lenguaje de programación más adecuado para la programación de aprendizaje en Raspberry Pi.

La Fundación Raspberry Pi pronto tuvo varios empleados y voluntarios. Su equipo original tenía figuras prominentes en sus áreas de interés:

- Rob Mullins, profesor de la Universidad de Cambridge, se dedica a la arquitectura informática, el diseño VLSI6, las redes de interconexión en chip, los chips multiprocesador y el procesamiento paralelo.

- Allan Mycroft, profesor de la Universidad de Cambridge, estudia lenguajes de programación, optimización e implementación de programas. Fue cofundador de la European Programming Languages and Systems Association y ha trabajado en AT & T Labs e Intel Research.

- Jack Lang, empresario y business angel7 es emprendedor en residencia y miembro de Cambridge Judge Business School, y fundador de Electronic Share Information Ltd.

- Lomas, director de ingeniería de Norcott Technologies y ex profesor de ingeniería informática en la Universidad de Manchester, fue responsable del diseño de hardware y la implementación de Raspberry Pi.

- David Braben, CEO de Frontier Developments, un importante desarrollador de juegos, fue responsable del diseño gráfico de Raspberry Pi.

Este fue el equipo responsable del desarrollo de esta pequeña computadora que hoy ayuda a varios niños, adolescentes, jóvenes y adultos a aprender a programar y ampliar sus conocimientos de hardware y software.

Conocer el equipo

Raspberry Pi pronto se hizo famoso por sus dos características principales: su tamaño (tiene las dimensiones de una tarjeta de crédito) y su bajo costo (US\$ 35). Cuando se anunció en 2012, ya superó las expectativas de ventas porque contenía estas características inusuales; ¿cómo podría una placa tan pequeña convertirse en una computadora?

Raspberry Pi prometió ser tan prometedor para la enseñanza de lógica de programación, hardware y software que el poderoso Google ha donado alrededor de 15.000 Raspberry Pi a las escuelas desfavorecidas en el Reino Unido para fomentar la aparición de futuros programadores y desarrolladores.

Raspberry Pi, a pesar de que es pequeño y tiene configuraciones limitadas con respecto a computadoras, iPads y portátiles, no se intimida cuando el tema es "¿Qué puedo hacer con mi Raspberry Pi? A través de este pequeño dispositivo, podemos navegar por la web, ver videos, trabajar con robótica e incluso crear clusters a un costo mucho menor que otros ordenadores.

Algunos lenguajes de programación vienen con Raspberry: Scratch, Python y Pygames. Scratch es una herramienta desarrollada en el MIT para la enseñanza inicial de la lógica de programación de una manera lúdica. Python es un lenguaje más avanzado, con el que el estudiante ya puede desarrollar proyectos más ambiciosos, como robots y clusters. Pygames es una biblioteca de rutinas en Python que funciona con la orientación de objetos desarrollada para facilitar la creación de juegos. Además, se pueden utilizar otros lenguajes: C, Ruby, Java y Perl.

El sistema operativo (SO) integrado con Raspberry Pi es Raspbian, una variante de una distribución Debian Linux, disponible para su descarga desde el sitio web de Raspberry Pi (http://www.raspberrypi.org/downloads. La elección de un sistema GNU de distribución Linux, ya que es de código abierto y gratuito, permite que la tarjeta sea más barata, induce la programación y mejora del sistema operativo por parte de los empleados, y anima a los estudiantes a involucrarse más con el hardware y el software. Sin embargo, se pueden utilizar otros sistemas operativos, como verá en el capítulo Sistema operativo.

La tarjeta tiene varios puertos, comunes en computadoras, para audio, vídeo y datos: HDMI, USB, Ethernet y GPIO. Matt Richardson y Shawn Wallace, en su libro First Steps with Raspberry Pi, presentan sus principales componentes, que se muestran en la figura siguiente.

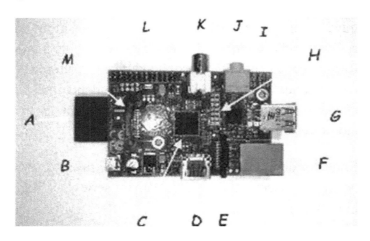

A. Ranura para tarjeta de memoria Micro SD (Secure Digital): Raspbian y los datos que necesita almacenar se escribirán en esta tarjeta, que puede tener hasta 64 GB de capacidad.

B. Fuente de alimentación (entrada de alimentación): RASPBERRY no funciona con interruptores de fuente de alimentación. Para su funcionamiento se utiliza un cable USB de 5v, como el de un teléfono móvil, que entrará en un puerto USB; esta entrada sólo funciona para recibir la carga que conectará Raspberry, no es un puerto USB adicional. La elección del cable USB para llevar energía a Pi se debe a su bajo costo y facilidad de búsqueda.

C. Procesador: El corazón de Raspberry Pi late con el mismo procesador que encontramos en iPhone 3G11 y Kindle 212, un procesador de 32 bits de 700 MHz construido sobre la arquitectura ARM1113. Los chips ARM tienen variaciones de arquitectura con diferentes núcleos; por lo tanto, también tenemos variaciones de capacidad y precio. El segundo lote de la Raspberry Model B tenía 512 MB de RAM, mientras que el Modelo A tenía 256 MB.

D. Puerto de interfaz multimedia de alta definición (HDMI): A través del puerto HDMI, podemos transmitir, con alta calidad, audio y vídeo a través de un solo cable a un monitor. Raspberry Pi admite aproximadamente catorce tipos de resoluciones de vídeo. A través de adaptadores externos, puede convertir vídeo a DVI y reproducir la imagen en monitores de modelos antiguos.

E. Conector de interfaz de cámara serie: A través de este puerto, podemos conectar un cable de cámara serie y así transmitir la imagen a un monitor.

F. Puerto Ethernet: A diferencia del modelo A, el modelo B de Raspberry Pi tiene puerto Ethernet14 para el estándar RJ-4515. También puede utilizar redes Wi-Fi, pero para ello, debemos utilizar uno de los puertos USB y conectar el "Dongle Wi-Pi (Wireless Internet Platform for Interoperability)".

G. Puertos USB (universal Serial Bus): el modelo A solo tenía un puerto USB; El modelo B tiene dos puertos UBS 2.0; la versión más reciente, Model B+, tiene cuatro puertos USB 2.0. El número de puertos USB todavía se puede ampliar con un concentrador USB para el uso de más periféricos. La figura siguiente muestra el modelo B+.

H. Conectores P2 y P3: Estas dos líneas perforadas en la placa son los conectores JTAG (Joint Test Action Group), utilizados para probar los chips Broadcom (P2) y LAN9512 (P3). Debido a que son propietarios, estos conectores difícilmente se utilizarán en sus proyectos.

I. LED: El estado de funcionamiento de la tarjeta se muestra en cinco LED, cuyos significados se detallan en la Tabla 1.

Led	Color	Descripción
actuar	Verde	Se ilumina cuando se accede a la tarjeta SD.
Pwr	Rojo	Conectado a una potencia de 3,3 V.
Fdx	Verde	ON si el adaptador de red es dúplex completo.
Lnk	Verde	La luz indica la actividad de la red.
100	Amarillo	ON si la conexión de red es 100Mbps.

J. Salida de audio analógica: destinada a reproductores de audio (amplificadores, altavoces, etc.). Esta salida tiene sólo 3,5 mm y conduce cargas de alta impedancia. Si utiliza un auricular o un altavoz, este puerto sin una fuente de alimentación independiente experimentará una caída en la calidad de audio, a diferencia del cable HDMI, que, al transmitir el audio al monitor, no muestra ninguna pérdida de calidad.

K. Salida de vídeo: se trata de un conector de tipo RCA para proporcionar señales de vídeo compuestas NTSC16 o PAL17. Esta salida de vídeo es de baja calidad, y es preferible utilizar el puerto HDMI siempre que sea posible.

L. Pines de entrada y salida (GPIO) para uso general: son 26 pines GPIO (Entrada/Salida de Uso General) para la comunicación con otros dispositivos externos; pueden utilizarse, por ejemplo, para controlar los equipos de automatización.

M. Conector de interfaz serie de pantalla (DSI): Este conector está diseñado para utilizar un cable plano de 15 pines para la comunicación con una pantalla LCD u OLED o una WebCam.

Periféricos

Algunos periféricos son necesarios para trabajar con Raspberry Pi. Hay una lista de equipos compatibles en

http://elinux.org/RPi_Verified_Peripherals<http://elinux.org/RPi_Ve rified_Peripherals>; es aconsejable comprobarlo antes de comprar cualquier periférico.

A. **Fuente de alimentación:** Se debe utilizar un adaptador micro USB que proporcione 5V y un mínimo de 700mA de corriente. Los cargadores de teléfonos celulares se pueden utilizar, siempre que tengan estas características. Raspberry Pi puede incluso trabajar con una fuente sin estas especificaciones, pero pueden producirse fallos y bloqueos impredecibles.

B. **Tarjeta Micro SD:** Para el almacenamiento del sistema operativo, los programas y los datos de usuario, se debe utilizar una tarjeta SD de al menos 4 GB de clase 4, que tiene una velocidad de transferencia de 4 MB/seg. En versiones anteriores de Raspberry Pi, no era aconsejable utilizar tarjetas de clase alta, especialmente las de clase 6, que, aunque con mayor velocidad, tenían menor estabilidad.

C. **Cable HDMI:** Los cables HDMI se utilizan para monitores que tienen este tipo de entrada. Si es necesario conectar un monitor DVI, se puede utilizar un adaptador.

D. **Cable Ethernet:** Hoy en día, ya casi no usamos cables Ethernet para la comunicación de red e Internet, ya que las tarjetas inalámbricas y las redes han ido ganando la preferencia de los usuarios. Sin embargo, para el mejor uso de la raspberry pi, es aconsejable utilizar el cable de red, ya que los cables están menos sujetos a fallas y pérdida de velocidad, a diferencia de las tarjetas inalámbricas, que encuentran dificultad con las barreras (paredes, árboles, ventanas).

Estos son los periféricos que creemos que son "obligatorios", y que ya nos permite disfrutar de una gran cantidad de recursos de Raspberry Pi. Sin embargo, es posible turbinar su pequeño ordenador con varios periféricos opcionales. La siguiente lista presenta algunas interesantes:

- Concentrador USB: se puede utilizar cuando varios dispositivos de entrada (pen drive, joystick, ratón inalámbrico, etc.) necesitan ser conectados porque, en su versión B, Raspberry tiene sólo dos puertos USB.

- Módulo de cámara: El módulo de cámara para Raspberry Pi (2,5 cm x 2,5 cm) es capaz de capturar imágenes fijas a 5 MP y grabar vídeo en los modos 1080p30, 720p60 y VGA90.

- Adaptador Wi-Fi: Muchos de los adaptadores utilizados para localizar y utilizar redes Wi-Fi funcionan con la tarjeta Raspberry Pi. Como ya se ha señalado, es importante comprobar su compatibilidad.

- Periféricos para GPIO: Este grupo de pines se puede utilizar para controlar piezas de hardware en aplicaciones de automatización. Se pueden conectar sensores, interruptores, LED, resistencias18, puentes19 y varios otros dispositivos.

- Pantalla LCD: Con las conexiones permitidas por los pines GPIO, los monitores LCD también se pueden conectar para recibir mensajes e imágenes gráficas.

Estudio

La oficina de raspberry pi es también uno de los artículos que deben estar en su lista de compras. Es necesario proteger el equipo del polvo y mantenerlo en una posición fija, ya que los periféricos, cables y conectores conectados a la placa tienen diferentes pesos, desequilibrando el conjunto, lo que puede causar un mal contacto y mal funcionamiento.

El armario puede ser de acrílico, cartón, madera, etc. Puede comprarlo o fabricarlo utilizando una impresora 3D o cortador láser (hay varios diseños disponibles en Internet). La figura siguiente muestra un modelo transparente.

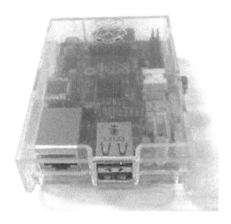

Manejo con cuidado

Los equipos electrónicos requieren cierto cuidado en su manejo. Raspberry Pi es un plato pequeño y frágil, por lo que se debe tener más cuidado al usarlo. El equipo de protección es esencial, como el gabinete (caso). El ambiente no debe estar húmedo o demasiado caliente para no dañar los circuitos. Tenga cuidado al manipular periféricos, conectarlos y desenchufarlos, especialmente la tarjeta SD, que puede corromperse. El cuidado con la limpieza también es importante, ya que el polvo puede causar problemas en sus circuitos.

El procesador basado en ARM Broadcom SoC de Raspberry tampoco es de gran capacidad. Por lo tanto, no desea ejecutar programas que son demasiado grandes o demasiado pesados; rendimiento será bajo, y puede producirse un bloqueo.

Capítulo Dos

Sistema operativo Raspberry Pi y Términos de programación básica

Como ya se ha informado en el tema CONOZCA EL EQUIPO, el sistema operativo de Raspberry Pi es Raspbian, basado en Debian, una de las distribuciones Linux más antiguas, desarrollada por Ian Murdock en 1993. Este fue el sistema utilizado para desarrollar los ejemplos que se encuentran en este libro (ver la siguiente figura) y es la distribución "oficialmente recomendada" por la Fundación Pi. Sin embargo, otros se pueden utilizar; la siguiente lista está tomada de Richardson y Wallace (2013):

- Linux Education Raspberry Pi de Adafruit (Occidentalis): Adafruit desarrolló una variante basada en Raspbian, que se llama Occidentalis. Este sistema operativo incluye herramientas y controladores20 que serán útiles para la enseñanza de la electrónica. Puede encontrar más información en el sitio web de Adafruit: <https://learn.adafruit.com/adafruit-raspberry-pi-educational-linux-distribution.

- Arch Linux: El sistema Arch Linux fue desarrollado para computadoras basadas en la arquitectura ARM; por lo tanto, es compatible con Raspberry Pi desde su lanzamiento (https://www.archlinux.org/).

- Sian: Xbian es también una variante basada en Raspbian para usar raspberry pi como centro multimedia. Otras dos distribuciones similares a Xbian y con el mismo propósito son OpenELEC (Open Embedded Linux Entertainment Center) y Raspbmc. Se pueden encontrar en los sitios web: <http://xbian.org><http://openelec.tv/e<COPY19 y

    http://www.raspbmc.com/

- QtonPi: esta distribución se basaba en Qt5, un marco multiplataforma utilizado para el desarrollo de aplicaciones. Sus aplicaciones se pueden utilizar en varios tipos de hardware y software con muy poco (o ningún) cambio de código. Más información en http://qt- projectorg/wiki/Qt-RaspberryPi>.

Para los usuarios que quieren una interfaz gráfica, Eben Upton y Gareth Halfacree, en el libro Raspberry Pi - Manual del usuario, muestran que se puede instalar el Lightweight X11 Desktop Environment (LXDE), una interfaz gráfica agradable y completa para que el usuario no tenga dificultades usando Raspbian.

Instalación del sistema operativo

El sistema operativo que hemos elegido, Raspbian, se instalará en una tarjeta SD. Se requieren dos pasos para esta instalación, realizada en cualquier otro equipo:

1. Formatee la tarjeta y

2. Realice la grabación del propio sistema operativo. Usaremos dos programas para esto:

- SDFormatter: para el formato de la tarjeta SD: descargar desde <https://www.sdcard.org/downloads/>

- Win32 Disk Imager: para la grabación del sistema operativo: descargar desde <http://sourceforge.net/projects/win32diskimager/files/latest/download>.

SdFormatter

El SDFormatter se utiliza para formatear todo tipo de tarjetas de memoria (SD, SDHC y SDXC), y su uso es simple y práctico. Después de descargar el software, comience a ejecutarlo. Aparece la pantalla inicial, que se muestra en la figura siguiente.

En el cuadro Unidad, elija la unidad donde aparece la tarjeta SD; al seleccionarla se mostrará el tamaño de la unidad (Tamaño). Introduzca el nombre (Etiqueta de volumen) que desea dar a la tarjeta SD; Raspbian puede ser un buen nombre.

- A continuación, haga clic en Opción para elegir el tipo de formato. En el cuadro Tipo de formato, se dan tres opciones, que se muestran en la figura anterior.

- QUICK: Esta opción se utiliza para el formato rápido: solo se inicializan los parámetros del sistema de archivos de tarjeta.

- COMPLETO (Borrar): Dar formato al tipo completo. Además de inicializar los parámetros del sistema de archivos en la tarjeta, también se inicializan las áreas de archivo de la tarjeta.

- COMPLETO (OverWrite): Dar formato aún más completo (y más largo) que el método anterior. Los datos que ya están en la tarjeta se sobrescriben. Este formato impide la recuperación de datos.

A continuación, es necesario ajustar el formato al tamaño de la tarjeta SD en el cuadro de ajuste Tamaño de formato. Se dan dos opciones, que se muestran en la figura siguiente:

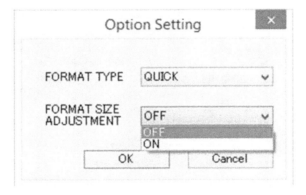

- ON: Esta opción ajustará la capacidad de la tarjeta a múltiples valores de la capacidad de un cilindro; por lo tanto, puede reducir la capacidad final de la tarjeta.

- OFF: Esta opción se recomienda para formatear en nuestro caso y en la mayoría de los otros casos, ya que no disminuirá la capacidad de la tarjeta.

Al hacer clic en Aceptar, volvemos a la pantalla de inicio del software. El cuadro Opción de formato muestra las opciones seleccionadas. Podemos hacer clic en Formato.

Win32 Disk Imager

Con este software, grabaremos el sistema operativo Raspbian en nuestra tarjeta SD. Su uso también es sencillo. Al iniciar la ejecución del programa, se muestra la pantalla de la figura siguiente. En el cuadro Archivo de imagen, seleccione Raspbian. En el cuadro Dispositivo, seleccione la unidad donde se encuentra la tarjeta SD. A continuación, haga clic en Escribir y espere a que finalice la grabación.

Configuración de Raspberry Pi

Con el sistema operativo instalado en nuestra tarjeta SD, ahora inicializaremos nuestra Raspberry Pi. Para ello, conecte los periféricos que utilizará a Raspberry (la tarjeta SD y el monitor son esenciales); también, conéctelo a una fuente de alimentación. Al inicio, se carga una pantalla con información diversa, y desde allí, Raspbian se está cargando (ver en la figura siguiente).

La primera vez que se inicia, Raspberry mostrará la herramienta raspi-config. Si necesita ejecutar la configuración de nuevo, escriba la línea de comandos: sudo raspi-config. Las opciones del programa permiten los siguientes cambios:

- Expand_rootfs: Le permite ampliar el sistema de archivos para que se pueda utilizar toda la capacidad de la tarjeta SD.

- Sobreescaneo: Cuando se utiliza un monitor de alta definición, existe la posibilidad de que el texto vaya más allá de los lados de la pantalla, delineando la pantalla y perdiendo parte de la imagen. Para corregir este problema, active Overscan y cambie los valores para que la imagen esté alineada con la pantalla. Utilice valores positivos cuando la imagen salga de la pantalla y los valores negativos si aparecen bordes negros a su alrededor.

- Configure_el teclado: El teclado viene preconfigurado con el diseño británico (Reino Unido). Si desea cambiar, seleccione otro, de acuerdo con el idioma que va a utilizar.

- Change_pass: Permite cambiar la contraseña y el usuario.

22

- Change_locale: Pi viene configurado con la ubicación del Reino Unido, utilizando su estilo de codificación UTF-8 (en_GB. UTF-8). Seleccione el país de su ubicación. Ejemplo: EE.UU. UTF-8 (en_BR. UTF-8).

- Chang_timezone: Para establecer una zona horaria, selecciona tu región y la ciudad de tu ubicación.

- Memory_split: Le permite cambiar la cantidad de memoria que utilizarán la GPU (unidad gráfica) y la CPU. Deje esta opción como predeterminada.

- SSH: Habilita la opción para acceder a Pi a través de SSH (Secure Shell) de forma remota a través de la red. Dejar esta opción deshabilitada ahorra recursos.

- Comportamiento de arranque: Esta opción le permite omitir la entrada de usuario y contraseña al inicio (seleccionando YES). Si usted deja NO, usted debe escribir estos tres comandos (el login y la contraseña se pueden cambiar en la opción del Change_pass anterior):

  o Inicio de sesión de Raspberrypi: pi Contraseña: pi@raspberrypi de raspberry pi - $ startx

- Actualización: Esta opción le permite actualizar algunas utilidades automáticamente, estando conectado a Internet.

Cuando haya terminado la configuración, utilice la tecla TAB y seleccione Finalizar. Puede ocurrir desde el reinicio del sistema operativo. Si esto no sucede y es el primer arranque, teclee el comando:

pi@raspberrypi de $ sudo reboot

Esto forzará la inicialización de la nueva configuración. La figura siguiente muestra la pantalla de inicio de Raspbian. En el escritorio, ya encontramos las herramientas de programación Scratch y Python, además del navegador Midori y LXTerminal, que se cubrirán a lo largo del libro.

Apagar su Raspberry Pi

Raspberry Pi no tiene interruptor de alimentación. Para desactivarlo, debemos usar el botón Cerrar sesión en la esquina inferior derecha de la pantalla o ejecutando el siguiente comando en el shell22:

pi@raspberrypi de $ sudo shutdown -h ahora

Apague el Pi correctamente, porque si tira del enchufe de la toma de corriente, la tarjeta SD puede estar dañada y dejar de funcionar.

Uso de la cáscara

Raspbian, como todos los sistemas operativos de distribución de Linux, utiliza el shell para ejecutar los comandos para instalar, cambiar, eliminar programas, etc. El programa que proporcionará acceso de shell es el LXTerminal.

El shell guarda un historial de comandos que pueden ser muy útiles para escribir más fácilmente. Por ejemplo, debe empezar a escribir un comando y presionar la tecla TAB para que aparezca el resto del comando: esto es muy útil cuando está buscando un directorio. Otra facilidad importante es poder volver a los comandos introducidos: si la ejecución de un comando ha dado error, presione la tecla con la flecha hacia arriba y el comando anterior volverá a aparecer; entonces, sólo la parte incorrecta debe ser corregida y pulse Intro. Los comandos anteriores solo se pueden repetir con las teclas: flecha arriba, flecha abajo y Intro.

Directorios principales

Raspbian reúne una estructura de directorios (o carpetas) estándar, cuyo contenido y propósito se muestran en la tabla siguiente.

Directorio	Descripción
/	Raíz
/bin	Programas y comandos que todos los usuarios pueden ejecutar
/boot	Archivos necesarios en el momento del arranque
/dev	Archivos especiales que representan los dispositivos del sistema
/etc	Archivos de configuración
/etc/init.d	*Scripts* para inicializar los servicios
/etc/X11	Archivos de configuración X11
/home	Directorio personal de los usuarios
/home/pi	Directorio personal para usuario pi
/lib	*Módulos* o controladores del núcleo
/media	Puntos de montaje para soportes extraíbles
/proc	Directorio virtual con información sobre los procesos en ejecución y el sistema operativo
/sbin	Programas de mantenimiento del sistema
/sys	Directorio especial en Raspberry Pi que representa los dispositivos de hardware
/tmp	Espacio para que los programas creen archivos temporales
/usr	Programas y datos utilizables por todos los usuarios
/usr/bin	La mayoría de los programas en el sistema operativo

	residen aquí
/usr/juegos	Sí, juegos
/usr/lib	Bibliotecas para apoyar programas comunes
/usr/local	Software específico para esta máquina
/usr/sbin	Más programas de administración de sistemas
/usr/share	Recursos que se comparten entre aplicaciones, como iconos o fuentes
/usr/src	Linux es de código abierto, aquí está el código fuente
/hvar	Registros del sistema y archivos de cola de impresión
/var/backups	Copias de seguridad de todos los archivos del sistema más importantes
/var/cache	Cualquier programa que almacene datos (como apt-get o un navegador web) los almacena aquí
/var/log	Todos los registros del sistema y los registros de servicio individuales
/var/mail	Todos los correos electrónicos de los usuarios se almacenan aquí si está configurado para tratar con correos electrónicos
/var/spool	Datos en espera de ser procesados (por ejemplo, correo electrónico entrante, trabajos de impresión)

Funcionalidad básica

- Raspbian Shell tiene la misma función y comandos que un sistema Linux. El pi@raspberrypi de la solicitud de la clase de la clase de comandos que se muestra en cada línea de comandos solicitada consta de cuatro partes con el siguiente significado:

- pi@: Nombre del usuario que accede al sistema; el valor predeterminado es pi.

- raspberrypi: Nombre del equipo: el valor predeterminado es raspberrypi.

- N.o: Directorio inicial de shell (inicio).

- $: Fin del mensaje. El texto del comando se escribirá delante de esta figura; el comando se ejecuta pulsando la tecla "Enter".

Hay varios comandos utilizados para instalar nuevos programas, cambiar archivos, directorios de listas, etc. Para moverse dentro del árbol de directorios, usamos el comando cd. Ejemplos:

Ir al directorio /etc/calendar: pi@raspberrypi $ cd /etc/calendar

Volver a un directorio anterior: pi@raspberrypi $ cd ... o cd ?

Volver al directorio raíz (home): pi@raspberrypi $ cd /

Cuando se llega a un directorio, es posible que no sepa si el siguiente directorio está exactamente donde se encuentra o dentro de otro directorio en un nivel inferior. El comando ls le permite ver el contenido (directorios y archivos) de cualquier directorio. Ejemplo: Para llegar al directorio python, debemos ir a través de los directorios /var/lib/python. Si no recuerda que este directorio está dentro del directorio /lib, puede utilizar el comando ls para enumerar el contenido de cada uno de estos directorios. Ejemplo:

pi@raspberrypi $ cd /var/lib/python

pi@raspberrypi de la mónla de $ ls

python3.2_installed

Si desea una lista más detallada del contenido del directorio, utilice el comando ls -l que traerá, además del nombre de carpeta o archivo, sus permisos, la fecha del cambio y el tamaño del archivo. Ejemplo:

pi@raspberrypi $ cd /var/lib/python

pi@raspberrypi $ ls -l python

-rw-r--r-- 1 root 0 Jul 15 2012 python3.2_installed

Cuando usemos el parámetro -a, enumeraremos, además de los archivos normales, archivos que son invisibles para los usuarios.

pi@raspberrypi $ cd /var/lib/python

pi@raspberrypi $ ls -la python

drwxr-xr-x 2 raíz 4096 Jul 15 2012.

drwxr-xr-x 34 raíz 4096 Jul 15 2012...

-rw-r--r-- 1 root 0 Jul 15 2012 python3.2_installed

Para cambiar el nombre de archivos o directorios (excepto los directorios predeterminados), debemos usar el comando mv. Por ejemplo, vamos a usar el comando touch para crear un archivo vacío y luego cambiar su nombre:

pi@raspberrypi first_file táctil de $

pi@raspberrypi $ ls

Desktopfirst_archive python_games

pi@raspberrypi $ mv first_file_renamed

pi@raspberrypi $ ls

surnamed_fileDesktop python_games

Para crear un nuevo directorio, debemos usar el comando mkdir.

pi@raspberrypi de $ mkdir myDir

pi@raspberrypi $ ls

surnamed_fileDesktopmyDir python_games

Para eliminar un archivo, podemos usar el comando

Rm. Para eliminar directorios vacíos, usamos el comando rmdir. Para eliminar directorios que contengan archivos u otros directorios: rm -r; el parámetro -r indica que el comando eliminará de forma recursiva los archivos del directorio.

pi@raspberrypi $ ls

surnamed_fileDesktopmyDir python_games

pi@raspberrypi file_renamed de $ rm

pi@raspberrypi $ ls

DesktopmyDirpython_games   pi@raspberrypi   de   la
DesktopmyDirpython_games $ rmdir myDir/ pi@raspberrypi $ ls

Desktoppython_games

Permisos

Raspbian es un sistema operativo que acepta varios usuarios que utilizan el mismo equipo. Para evitar confusiones, la idea es que cada usuario tenga sus propios archivos y no que todos los usuarios tengan acceso a todos los archivos.

De esos usuarios, sólo uno puede cambiar cualquier archivo: él como root, o super-admin. No es aconsejable iniciar sesión con la cuenta raíz. Los usuarios comunes, que no tienen todos los privilegios de un superadministrador, pueden utilizar el comando sudo. Este comando le permite instalar programas y realizar cambios en los archivos sin haber iniciado sesión como root.

Cada archivo pertenece a un único usuario o a un grupo determinado. Los comandos chow y chgrp le permiten cambiar el propietario o el grupo de un archivo. Los archivos también tienen un conjunto de "permisos" que indican si el archivo puede ser leído, sobrescrito o ejecutado por un usuario o grupo.

Para configurar los permisos individualmente, usamos el comando chmod. En la tabla siguiente se enumeran los tipos de permisos que se pueden definir.

Opción	Significado
u	Usuario
G	Grupo
o	otros fuera del grupo

Un	todo / todo
R	permiso de lectura
W	permiso de grabación
X	permiso de ejecución
+	añadir permiso
-	retirar el permiso

Configuración de la red

La configuración de red es tan simple como cualquier distribución de Linux. Si hay un servidor DHCP en la red, no es necesario configurar Raspberry, ya que recogerá automáticamente una dirección IP en la red; sin embargo, si su red tiene una configuración manual de dirección IP, debe configurarla antes de acceder a la red.

La información sobre la configuración de una red se almacena en un archivo llamado interfaces, ubicado en la carpeta /etc/network; sólo el usuario root puede editarlo, ya que cualquier error en él puede impedir que su máquina acceda a la red. Para editar este archivo, escriba el siguiente comando en LXTerminal:

sudo nano /etc/network/interfaces

En este ejemplo, estamos usando el editor estándar de Raspbian, nano. La figura siguiente muestra el contenido del archivo que se va a cambiar.

```
pi@raspberrypi: ~

pi@192.168.1.81's password:
Linux raspberrypi 3.6.11+ #371 PREEMPT Thu Feb 7 16:31:35 GMT 2013 armv6l

The programs included with the Debian GNU/Linux system are free software;
the exact distribution terms for each program are described in the
individual files in /usr/share/doc/*/copyright.

Debian GNU/Linux comes with ABSOLUTELY NO WARRANTY, to the extent
permitted by applicable law.
Last login: Fri Jul 19 11:17:06 2013 from 192.168.1.86
pi@raspberrypi ~ $
pi@raspberrypi ~ $
pi@raspberrypi ~ $
pi@raspberrypi ~ $ cat /etc/network/interfaces
auto lo

iface lo inet loopback
iface eth0 inet dhcp

allow-hotplug wlan0
iface wlan0 inet manual
wpa-roam /etc/wpa_supplicant/wpa_supplicant.conf
iface default inet dhcp
pi@raspberrypi ~ $
```

En la línea iface eth0 inet dhcp, reemplace dhcp por static. Introduzca las otras líneas más adelante. El archivo debe tener este aspecto:

iface eth0 inet dirección estática 192.168.0.2 //IP dirección que su máquina recibirá

netmask 255.255.255.0 //Standard mask gateway 192.168.0.1 //IP dirección de su router o módem ADSL.

Cuando termine de escribir, presione CTRL+O para guardar los cambios y, a continuación, CTRL+X para cerrar el nano y volver a LXTerminal. Para validar el cambio en la red, reinicie el servicio de red introduciendo el siguiente comando:

sudo /etc/init.d/networking restart

Una vez hecho esto, su Pi está configurado para acceder a su red e Internet.

Instalación de software adicional

Vimos que Pi ya viene con algún software instalado, como Python, Scratch y Midori. Si desea instalar uno nuevo, hay dos maneras. El primero utiliza el propio shell, ejecutando los comandos apt-get e install, que descargan e instalan:

pi@raspberrypi de $ sudo apt-get install mc

Otra forma es a través de la Tienda Pi (http://store.raspberrypi.com/). Debe registrarse en la tienda para poder descargarla.

Además de permitirle descargar nuevas herramientas, juegos y programas, Pi Store también le permite enviar sus programas para que otros usuarios los usen.

Capítulo Tres

Aprender Scratch

Scratch es una plataforma de desarrollo con un lenguaje de programación gráfica desarrollado por el Media Lab del MIT (Massachusetts Institute of Technology) en 2003, basado en LOGO, un lenguaje existente también producido por el MIT. Su publicación y difusión, sin embargo, se produjo sólo en 2007, cuando Scratch se hizo conocido como un lenguaje de programación y comenzó a ser utilizado por las instituciones educativas.

La mayoría de los lenguajes de programación están basados en texto (instrucciones escritas con una serie de reglas específicas); para cualquier función que tenga que ejecutar el equipo, debe leer ese texto y procesarlo. Como ejemplo, vamos a mostrar el famoso Hello World!! escritos en algunos idiomas conocidos:

printf ("Hola mundo!!") (en C++)

frase : entrada ("Hola mundo!!") (en Python) System.out.print("Hello World!!!") ;(en Java)

Para el principiante en la programación, aprender todas estas sintaxis puede ser muy complicado y aburrido. A diferencia de estos lenguajes de línea de comandos, Scratch tiene un lenguaje gráfico con comandos listos para "arrastrar y soltar", facilitando así el aprendizaje y ayudando en la construcción del conocimiento.

Usamos algunos comandos en nuestro Sprite: un comando start y uno para mostrar el mensaje. Para cada personaje creado en la plataforma Scratch, los comandos deben escribirse para su movimiento en el escenario. Por ejemplo: al hacer un juego de carreras para dos jugadores, creamos la lógica para cada personaje por separado; la lógica creada para el primer carácter no influirá en el segundo, y ninguno de los dos caracteres ejecutará los comandos realizados para la etapa. Con esto, se hace más fácil entender el programa porque cada personaje es un objeto programado por separado.

Scratch se puede utilizar en línea o en nuestro ordenador. En el primer formulario, debemos acceder al sitio web de Scratch (http://scratch.mit.edu/) y hacer clic en los enlaces. Crear o probar; de lo contrario, podemos instalarlo en nuestro ordenador, descargando-ode http://scratch.mit.edu/scratch2download/.

La pantalla que se muestra es la misma que en la figura siguiente. La interfaz del programador es muy intuitiva y fácil de aprender. La pantalla se divide en tres paneles, que nos permiten trabajar con nuestros actores.

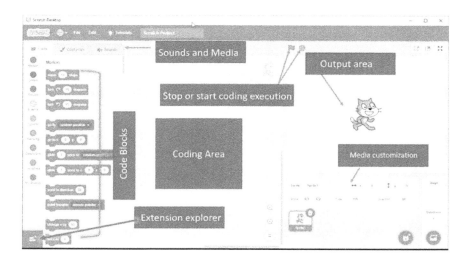

Menú

Junto al icono de idioma, tenemos el menú con cuatro opciones: Archivar, Editar, Consejos y Acerca de. El menú Archivo abre los siguientes submenús: Nuevo (nuevo proyecto), Abrir (Abrir proyecto existente), Guardar (Guardar proyecto existente en formato sb2, diferente de la versión anterior. sb), Guardar como (Guardar nuevo proyecto), Compartir en el sitio web (Compartir proyecto en el sitio web de Scratch http://scratch.mit.edu/), Buscar actualizaciones y Salir (salir de la plataforma).

El menú Editar muestra las opciones: Recuperar (Recupera el último bloque de código eliminado del proyecto), Diseño de etapa pequeña (Disminuye el área del escenario y aumenta el área de código) y modo Turbo (Aumenta la velocidad de ejecución de algunos comandos).

El menú Consejos abrirá una pestaña en el lateral de la pantalla para que el usuario pueda obtener ayuda para resolver cualquier pregunta. El menú Acerca de le dirige al sitio web de Scratch (http://scratch.mit.edu/about/).

Etapa

El escenario es donde los personajes se moverán e interactuarán. Es un rectángulo con las dimensiones contadas en pasos: 480 de ancho y 360 de alto. El centro de la etapa es la posición x - 0 e y - 0.

Para conocer el valor de (X, Y), mueva el ratón alrededor del escenario; las coordenadas aparecerán en la esquina inferior derecha. Además, hay tres iconos con las siguientes funciones:

- Icono de pantalla: opción de presentación (1): le permite ampliar el escenario y ocupar toda la pantalla con el juego.

Al hacer clic en el icono de nuevo devuelve el escenario a su tamaño normal.

- Los iconos de la bandera verde (2) y la bola roja (3) le permiten iniciar y detener el juego en cualquier momento.

Actores

Las figuras de los personajes se colocan en el área llamada Actores; para nosotros, El personaje es lo mismo que actor. Cuando se crea un nuevo proyecto, el único carácter que aparece es el gato símbolo Scratch.

El área para actores tiene varias funcionalidades (numeradas del 1 al 10 en la figura) para facilitar el desarrollo de proyectos:

1. Elija las etapas listas de la biblioteca Scratch.

2. Diseña tu escenario.

3. Escenario de carga desde el archivo.

4. Tome una foto a través de la cámara de la computadora para usarla como escenario.

5. Obtenga la información sobre el actor haciendo clic en el botón i en su figura.

6. Elija un actor de la biblioteca Scratch.

7. Pintando a un nuevo actor.

8. Importa un nuevo actor.

9. Tome una foto a través de la cámara de la computadora para usarla como actor.

10. Muestre una miniatura del escenario.

Para obtener información sobre el actor, podemos hacer clic en la letra i como se mencionó anteriormente. También podemos manejarlos con un menú contextual: haciendo doble clic en el carácter, parpadeará, envuelto en un rectángulo con bordes azules; haga clic derecho en él; debería aparecer un menú emergente.

El menú presenta estas opciones: información (proporciona información de caracteres), duplicado (permite duplicar el personaje), eliminar (elimina el carácter), guardar en el archivo local (guarda el carácter en el equipo) y ocultar (elimina el carácter de la etapa).

La barra de herramientas del cursor (ubicada en el rango superior) es otra característica útil cuando se utiliza un gran número de caracteres: permite duplicar, cambiar el tamaño u obtener información sobre los objetos.

Pestaña Routers

La pestaña Scripts es la que permite escribir las instrucciones del programa. Los bloques con los comandos que se pueden utilizar se dividen en diez categorías: Movimiento, Looks, Sonido, Pluma, Variables, Eventos, Control, Detección, Operadores y más bloques.

Para programar el comportamiento de un objeto, arrastre el comando deseado al área de comando (en el lado derecho de la pantalla). Como ejemplo, usaremos tres funciones de nuestro script para hacer que el gatito camine diez pasos: Eventos, Control y Movimiento de Eventos usamos la función que dice que cada vez que se hace clic en la bandera verde se iniciará el juego; de Control, usamos la repetición siempre; para Movimiento, usamos el comando Mover diez pasos.

El ejemplo es bastante simple, ya que sólo está destinado a mostrar la facilidad de manejo de la herramienta: pocos comandos predefinidos determinan lo que el actor hará. A medida que pasa el tiempo, el conocimiento de todos los comandos y otros recursos vendrá; con la mejora de la técnica, se pueden desarrollar proyectos nuevos y más complejos, involucrando más caracteres, más código y más lógica de programación.

La pestaña Personalizada

La apariencia de un actor se puede cambiar a través de la pestaña Personalizado. Puede cambiar la personalización de un actor existente o crear otros nuevos. Cada actor, creado o importado, puede tener varias personalizaciones. Para que aparezca de otra manera, debes duplicar al actor y luego modificar su apariencia o importar nuevas fantasías desde tu biblioteca o computadora. Por ejemplo: cuando un personaje necesita realizar varios movimientos, para cada movimiento (caminar, saltar, bajar, etc.), se debe crear o importar una nueva fantasía; de esta manera, los movimientos parecerán más reales. Tenga en cuenta que el gatito se presenta en dos momentos diferentes en su paseo.

Otras funciones están disponibles en la pestaña Personalizado. La misma barra de herramientas que se encuentra para los actores también existe aquí, sólo se aplica a la apariencia del actor, no al actor. Cada apariencia también tiene un menú contextual; Haga clic con el botón derecho en uno y aparecerán las siguientes opciones:

- **Doble:** Duplica la imagen seleccionada arrojándola debajo de la última. Podemos cambiar su posición arrastrándola a otro lugar; también podemos cambiar su apariencia.

- **Eliminar**: Elimina la imagen seleccionada. La apariencia se puede recuperar mediante el menú Editar y, a continuación, Recuperar.

- **Guardar en archivo local**: Guarde el carácter en la ubicación deseada. Se pueden utilizar tres formatos diferentes: .svg, .png o .bmp. El valor predeterminado está en formato .svg (gráficos vectoriales escalables) y se puede abrir con cualquier navegador.

Pestaña Sonidos

Para que los programas sean más divertidos, puede hacer que emitan sonidos. Esto hace que los juegos imaginados sean mucho más dinámicos y llama la atención del usuario. Varios eventos pueden hacer que se emitan sonidos: pulsando una tecla de ordenador, haciendo un cierto movimiento de un personaje, tocando un objeto a otro, etc. las funciones permitidas se comentan a continuación.

1. **La elección de un sonido de la biblioteca**: Aproximadamente 94 sonidos se proporcionan en la biblioteca estándar.

2. **Grabar un nuevo sonido**: Le permite grabar un nuevo sonido en la biblioteca a través del micrófono.

3. **Subir sonido desde el archivo** : Le permite importar un archivo de sonido. Algunos sonidos ya están vinculados a ciertos personajes o tipos de juego, como en Street Fighter; si estás usando un personaje conocido, es interesante usar su sonido original.

4. **Botón Reproducir**: Le permite escuchar el sonido antes de usarlo en su proyecto

5. **Botón Stop**: Le permite detener la música antes de su final.

6. **Botón Grabar** : Permite la mezcla de sonido: Podemos grabar encima de un archivo de sonido existente (el sonido se grabará al principio del archivo).

7. **Editar**: Este menú abre un submenú con varias otras características:

- **Deshacer**: Deshacer cualquier cambio que se haya realizado en el sonido.

- **Rehacer**: Rehacer los cambios que se han deshecho.

- **Recorte**: Le permite cortar la parte seleccionada de un sonido; para seleccionar, haga clic al principio de la pista deseada y arrastre el ratón hasta el punto final deseado; luego haga clic en el menú Editar/Cortar.

- **Copiar**: Permite copiar la parte seleccionada de un sonido; el proceso es el mismo que Cortar.

- **Pegar**: Le permite pegar la pieza que se copió o cortó.

- **Eliminar**: Permite eliminar la parte seleccionada de un sonido; el proceso es el mismo que Cortar.

- **Seleccionar todo**: Seleccione todo el sonido o la grabación.

8. **Efectos:** Este menú añade algunas funciones para mezclar el sonido del actor.

- **Mostrar**: Con esta opción, el volumen del sonido comienza bajo y aumenta progresivamente hasta el final de su uso.

- **Desaparecer** Inverso de la anterior. En esta opción, el volumen comienza fuerte y se desvanece.

- **Más alto**: Le permite aumentar el volumen.

- **Suavizar**: Le permite reducir el volumen.

- **Silencio**: Eliminar todo el sonido.

- **Reverso :** Con esta opción, puede hacer el efecto de sonido inverso.

9. **Volumen del micrófono (volumen del micrófono):** Permite ajustar el volumen de sonido que se grabará mediante el micrófono.

10. **Atrás y Adelante :** Al igual que con los editores de texto, con esta opción, es posible volver atrás y recuperar cualquier cambio mal realizado o reenviar a un cambio ya realizado.

Con estas funciones proporcionadas por la pestaña Sonido, es posible hacer varias combinaciones y mezclas, permitiendo que los proyectos tengan un fondo sonoro adecuado para cada situación.

Editor de pintura

Las fantasías y los fondos que aparecen en la pestaña Fantasías se pueden editar mediante la herramienta Editor de pintura. No es necesario crear o editar todos los trajes con esta herramienta, ya que ya hemos visto que es posible importar personajes y escenarios al escenario; sin embargo, este editor proporcionado tiene varias características interesantes que se pueden utilizar para crear o adaptar escenarios y personajes bien al gusto de su creatividad:

1. **Limpiar**: Borra toda la pantalla, lo que le permite iniciar un nuevo diseño.

2. **Añadir**: Permite añadir un carácter existente en la biblioteca.

3. **Importar**: Permite importar caracteres o imágenes al fondo del escenario.

4. **Remodelar**: Le permite editar (remodelar) su actor, pudiendo cambiar la cara del personaje, el cuerpo, los miembros.

5. **Lápiz :** Le permite dibujar a mano libre en su escenario o crear su personaje de acuerdo a su creatividad.

6. **Línea**: Permite dibujar líneas con mayor precisión, sin imperfecciones.

7. **Rectángulo**: Para dibujar objetos en forma rectangular o cuadrada.

8. **Elipse :** Otra herramienta para ayudar en el dibujo de formas geométricas.

9. **Texto**: Permite escribir textos sobre el escenario o algún objeto en uso.

10. **Colorea una forma :** Conocida como un "cubo **de** pintura" en algunos editores de imágenes, esta opción nos permite rellenar una imagen o parte de ella, acelerando el proceso de colorear las imágenes.

11. **Doble :**Le permite hacer clic en una forma o imagen para duplicarla.

12. **Modo vectorial :** Modo de edición Scratch 2.0.

13. **Convertir a mapa de bits :** Modo de edición Scratch 1.4.

Estas son las funciones ofrecidas por Paint Editor. Sin embargo, todavía hay tres opciones que se pueden utilizar al seleccionar un carácter u objeto:

14. **Reenviar una capa**: Esta opción hace (trae hacia adelante) alguna capa que está oculta en el objeto.

15. **Bajar un nivel**: Esta opción le permite ocultar (recupera) parte de una imagen.

16. **Descodificar**: Permite, con un solo clic, dividir la imagen en varias partes sin desensordezgar el objeto. Por ejemplo, la imagen del gato, al hacer clic en esta opción, está desagregada; por lo que se puede mover sólo la boca o sólo la nariz. Simplemente no olvides que ya que todas las partes del cuerpo están desintegradas, si seleccionas sólo el ojo, sólo se moverá.

Aprender a programar con Scratch

Empecemos nuestra práctica de programación. Desarrollaremos tres proyectos con niveles cada vez mayores de complejidad para que pueda adquirir experiencia y desarrollar proyectos nuevos y más sofisticados. También puedes consultar millones de ejemplos en el sitio web de Scratch (https://scratch.mit.edu/), además de poder publicar tus creaciones. En el momento de escribir este libro, el sitio web compartía 10.000.233 proyectos.

Desarrollo de aplicaciones - Nivel fácil

Nuestro primer proyecto, que clasificamos como "fácil", se llamará "Laberinto". El objetivo del jugador es pasar a través del laberinto hasta que llegue al portal (línea de acabado del laberinto); el jugador tampoco puede engañar el juego cortando. Si toca la pared del laberinto, debe regresar y elegir otra dirección. Cuando el actor llegue a la salida, se le mostrará cuánto tiempo le tomó hacer la ruta.

Comenzamos ejecutando la aplicación Scratch, que está en el escritorio. Podemos empezar por establecer el escenario, que será un laberinto. El escenario es el fondo donde se mueven los personajes. Para ensamblarlo, puede dibujar el entorno o importar algunas imágenes ya hechas.

Para importar, puede hacer lo siguiente: en la esquina inferior izquierda, haga clic en "Cargar escenario a desde el archivo"; en la ventana que se abre, hacer la ruta de archivo deseada, haga clic en ella. También puede utilizar una imagen de la biblioteca; en este caso, utilice el icono Etapa y seleccione una de las opciones presentadas.

La pequeña bola pasará por varios caminos dentro del laberinto y debe llegar a la abertura. Para ello, vaya a la esquina inferior izquierda, haga clic en el icono Pintar nueva escena. En el área de dibujo que se abre a la derecha, utilice las herramientas de dibujo Rectángulo y Líneay, con su creatividad, dibuje el laberinto.

En el dibujo, no olvide que el laberinto tiene que presentar al menos un camino válido que la pelota debe seguir, comenzando en un punto de partida (entrada) y terminando en un punto final (salida). Si desea guardar la imagen del escenario, vaya a la pantalla de presentación y haga clic con el botón derecho y seleccione la opción "Guardar imagen del escenario."

Con la etapa creada, podemos crear el personaje que pasará a través del laberinto; podemos dibujarlo o importarlo de la biblioteca, tal como lo hicimos para el escenario. Puesto que aprendimos a dibujar al configurar la escena, ahora importaremos una imagen de la biblioteca. Para ello, vaya a la esquina inferior izquierda, en el área Actores, Nuevo actor, haga clic en el icono "Elegir un actor de la biblioteca".

La biblioteca es muy rica: tiene varios tipos de caracteres separados por Categoría, Tema y Tipo. Selecciona el personaje que quieres para continuar con el juego y haz clic en Aceptar.

Con el nuevo Actor creado, podemos asignarle los papeles. Para ello, seleccione el actory, en el rango superior de la pantalla, elija la opción Scripts. En esta pestaña, hay un conjunto de comandos separados por funciones: Movimiento, Control, Sensores, Apariencia, etc.

Haga clic en la función Eventos, seleccione el comando Al hacer clic y arrástrelo al centro de la pantalla: cada vez que se pulse el botón "Bandera verde", se ejecutarán los demás comandos del programa.

En los siguientes pasos, explicaremos las instrucciones del juego, pediremos el nombre de usuario, crearemos un temporizador y los comandos de control de caracteres. Comencemos estableciendo la posición inicial del personaje en el escenario: haga clic en la función Movimiento, arrastre la instrucción Ir a x:... y:... y cambiar los valores de x e y.

Las posiciones x: -214 y: 160 correspondientes a la parte superior izquierda del escenario. La posición de cada carácter siempre se da mediante un par de coordenadas (x, y). Para cambiar los valores de x e y, simplemente arrastre el objeto a través del escenario; mientras arrastra, se puede ver a la derecha de la pantalla la figura del objeto, y debajo de él, sus coordenadas (x, y).

Para mostrar las instrucciones del juego, todavía en la pestaña Scripts, haga clic en la función Apariencia, luego arrastre la instrucción Decir y escriba las instrucciones al jugador. Para preguntar el nombre del jugador, haga clic en la función Sensores y arrastre el Ask... instrucción, y esperar la respuesta; puedes escribir algo más en lugar de ¿cómo te llamas?

Haga clic en la función Apariencia de nuevo y arrastre el Say... instrucción para... segundos; puede cambiar el texto Hello y time. Una vez más vaya a la función Apariencia y arrastre el Say... Para... segundos comando; ahora vaya a la función de sensores y arrastre el comando de respuesta en el Say... Para... segundos comando; a través de estos comandos, el actor devolverá el nombre que fue informado al principio del juego. Volveremos a posicionar nuestro personaje para la posición x: -214 y: 160 para que el jugador no mueva el personaje durante la visualización de las instrucciones del juego.

En este punto, el cronómetro debe restablecerse para comenzar a contar para un nuevo juego: haga clic en la función Sensores y arrastre la instrucción Cero del cronómetro. Al final del juego, se mostrará un mensaje con el tiempo transcurrido. El comando de posicionamiento inicial del actor también debe repetirse, ya que el jugador puede haber movido el objeto mientras lee las instrucciones. El actor debe estar situado al principio de la ruta válida al laberinto. Vea todo el script.

Como buen observador, es posible que haya notado que los comandos están coloreados y que utilizan los mismos colores colocados antes de los menús de funciones. Esto hace que sea fácil ver un script grande ya hecho y saber de qué parte del menú de funciones se tomaron los comandos.

Ahora vamos a trabajar con los movimientos del personaje: caminar será la única acción que hace. Como queremos que camine continuamente hasta que pueda salir, haga clic en su figura, luego haga clic en la función de control y arrastre la instrucción Siempre. Ahora estableceremos la condición para que nuestro personaje se mueva dentro del escenario. Para ello, vaya a la función de control y arrastre la instrucción se; ahora, estableceremos qué tecla moverá el personaje a la derecha, a la izquierda, arriba y abajo.

Vaya a la función Sensores y elija la tecla de instrucción... presionado y elija la tecla que utilizará para mover a su personaje al lado izquierdo; usamos la tecla de flecha izquierda. Con nuestro primer lado establecido, diremos qué dirección pertenece al lado izquierdo. Para ello, vaya a la función Movimiento y arrastre la instrucción que apunta a la dirección... grados y posicionar la dirección que pertenece al lado izquierdo, en este caso, -90 grados.

Seleccione la pestaña Scripts de nuevo, haga clic en la función Movimiento; arrastre el Mover... instrucción en la apertura siempre; en este comando, definimos que el personaje caminará cuando presionemos una de las flechas; tipo 5 en el número de pasos. Repita el procedimiento para las otras tres direcciones restantes. Para avanzar en el proceso y no es necesario escribir todo el comando a mano de nuevo, vaya al primer código y haga clic con el botón directo y elija la opción duplicada, para que pueda duplicar el código y cambiarlo sin tener que volver a escribir el código.

Cuando el personaje toca las paredes del laberinto, tiene que volver (el jugador no puede hacer trampa a través de una pared). Para ello, necesitamos usar comandos de decisión y repetición: al tocar la línea laberínto, debe devolver cinco pasos para mantenerse dentro de los límites permitidos. Para utilizar comandos de decisión, haga clic en la función Sensores y arrastre el Color táctil ...? instrucción, luego haga clic en el cuadrado de color y seleccione el color deseado en el cuadro de color que aparece. El cursor del ratón hará que el cuadro de color cambie de acuerdo con el color que pasa.

Ahora vamos a crear la salida del laberinto: dibujamos un portal; cuando el gato lo toque, el juego terminará, y la música de la victoria será jugado. El portal debe ser un actor. Como ya importamos un actor de la biblioteca, en este caso, lo dibujaremos. En la esquina inferior izquierda de la pantalla, en Actores, Nuevo actor, haga clic en Pintar nuevo actor (icono de pincel).

Ahora usa tu creatividad y diseña el portal; puede ser algo como la figura de abajo.

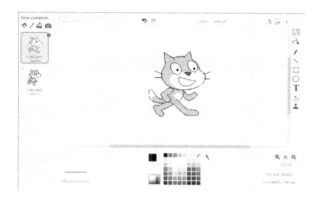

Con la puerta creada, pondremos sus funciones en su lugar. El primer comando del nuevo actor es el mismo utilizado para el primer actor: haga clic en la bandera estrella verde (Eventos) y posicionarse (Movimiento); el portal debe colocarse en la posición final de salida del laberinto. El siguiente comando será Control (el Repetir siempre).

El siguiente comando define el final del partido: cada vez que nuestro personaje (Cat) toque el Portal, se dará el mensaje de victoria, se mostrará el tiempo en que se hizo el curso y se reproducirá una canción. Intente completar el script: los comandos dejan las funciones Eventos, Movimiento, Control, Sensores, Sonido, Apariencia y control de nuevo.

Ya hemos visto en el elemento **Sonidos Tab** que podemos poner sonidos en el proyecto: desde la biblioteca, importando un sonido de nuestra preferencia o grabando un sonido. Incluso hemos visto que tenemos los recursos para editar los sonidos que vamos a usar. Pongamos el sonido en nuestro proyecto, importándolo de la biblioteca. Seleccione la función Sonido y arrastre el comando, Toque el sonido... Ahora haga clic en la pestaña Sonidos; a continuación, haga clic en el icono Cargar sonido desde archivo, haga su camino a la biblioteca de Scratch y seleccione el sonido Felicidades.

De esta manera, concluimos el primer proyecto. Observe el inicio y los puntos finales. Para jugar, haga clic en la bandera verde y utilice las teclas de flecha para controlar el carácter.

Desarrollo de aplicaciones - Nivel medio

Ahora vamos a crear un juego de ping-pong para jugar como un dúo, que podemos considerar el nivel intermedio. Este proyecto es muy interesante porque funciona con casi todas las funciones de la plataforma Scratch. El objetivo del juego también es simple: quien consiga jugar la pelota más allá de la raqueta del oponente anota un punto; quien consiga anotar 5 puntos es el ganador.

En primer lugar, vamos a crear el escenario: tendrá dos líneas detrás de las raquetas, que representan el límite a donde la pelota llegará; cada vez que la pelota toca estas líneas, el punto serán los oponentes. Siguiendo la ruta, dibuje la etapa como en la figura siguiente. Los colores rojo y azul son importantes, ya que se utilizarán como un control para anotar puntos para cada jugador.

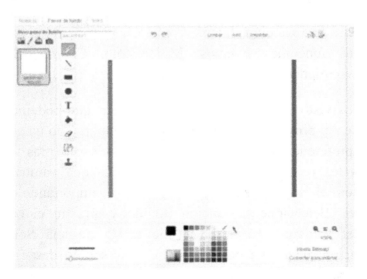

La pelota a utilizar en el juego es un actor; lo importaremos de la biblioteca, siguiendo el script.

Ahora vamos a crear las raquetas; simplemente crea uno y luego duplíquelo. Vaya al área Actores (abajo a la izquierda) y haga clic en el icono Pintar nuevo actor (cepillo).

Para duplicar la raqueta, en el área Actores, haga clic con el botón derecho en ella; en el menú emergente abierto, haga clic en el duplicado.

La opción duplicada crea un nuevo carácter en el área Actor. La segunda raqueta no tendrá conexión con la primera raqueta. Arrastre las raquetas y el marcador (variables Jugador 1 Jugador 2) a través del escenario, dejándolas posicionadas como se muestra en la figura siguiente:

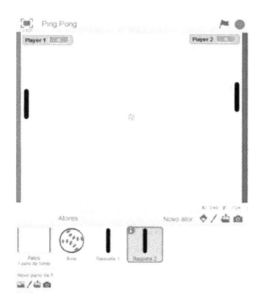

Una vez que hayamos creado el escenario y los personajes, programaremos la pelota y luego las raquetas. Al principio del juego, la pelota debe estar en el centro del escenario. Por lo tanto, coloque los comandos Al hacer clic y ir a x:... y y:... (como en las figuras 40 y 41) e introduzca 0 para x e y. A continuación, arrastre el punto de instrucción a la dirección 90 grados (desde la función Movimiento);

51

haga clic en el cuadro para escribir los grados (90)y dentro de este comando, vaya a la función Operadores y arrastre el Elija un número entre 1 y 10; escriba 180 en lugar de 10.

Ahora vamos a establecer la puntuación para dos jugadores (habrá dos variables). Para ello, seleccione la función Variables, haga clic en Crear una variable y escriba Player 1; hacer lo mismo con el Jugador 2. Recuerde que las variables sólo se crearán para la pelota de ping-pong; servirán como contador para la puntuación del juego. Deje las dos casillas de verificación junto a las variables marcadas para que aparezcan en el escenario; arrástrelos al escenario para ponerlos en la posición que desee.

Las dos variables (que representan la puntuación de cada jugador) deben iniciar el juego que vale cero. Para ello, arrastre dos veces el comando cambiar el reproductor también para el script; cambiar la primera instrucción a Jugador 1 y 0 (cero); cambiar la segunda instrucción a Jugador 2 y 0 (cero). Además, arrastre la instrucción de espera 1 s desde la función Control y cambie la hora a 1,5 segundos.

El juego debe durar hasta que uno de los jugadores (Jugador 1 o Jugador 2) alcance los 5 puntos. Para ello, arrastre el comando Repetir al script hasta que esté en las funciones control. Hay un hexágono después de arrastrar el operador o al hexágono (también desde la función Control); ahora, tenemos dos hexágonos. Arrastre el operador al primer hexágono. Al primer cuadro de o arrastre el reproductor 1 (desde la función Variables); en el segundo cuadro, escriba 5. Repita el procedimiento para el jugador 2: arrastre el operador al segundo hexágono; al primer cuadro de o arrastre el jugador 2 (desde la función Variables); en el segundo cuadro, escriba 5.

Dentro del comando Repetir donde se produce la mayor parte de la lógica del proyecto, la pequeña bola debe volver cada vez que toca el borde; si +++no ponemos ese control, la pequeña bola se atascará en el borde, sin volver al juego. Para ello, arrastre a la apertura De repetir hasta que el comando, Si, toca el borde, volver (desde la función Movimiento): se trata de un comando de decisión que realiza una sola instrucción: return. La siguiente instrucción, Mover siete pasos, (también desde la función Mover) siempre se ejecutará, incluso si la pelota no toca el borde.

Aún así, dentro de la apertura del Repeat, pondremos la reacción de la pelota cuando toque la raqueta (color negro). Arrastre el If... a continuación (desde la función Control); arrastre el color y la instrucción al hexágono y poner el color negro en la caja. Para seleccionar el color dentro del cuadro, haga clic en el color dentro del cuadro y arrastre el ratón al color negro dentro del escenario.

Cuando toca el negro, la pequeña bola debe volver. Para programar esto, haga lo siguiente: arrastre la instrucción Aim a la dirección... grados (función de movimiento); a continuación, arrastre el operador menos (función Operadores) a la elipse con el valor de los grados (ahora tenemos dos elipses para rellenar); para la primera elipse, arrastre la instrucción de dirección (desde la función Movimiento); en la segunda elipse tipo 180.

Queremos que la pelota haga un movimiento aleatorio en el camino de regreso para que su trayectoria se vuelva impredecible, y el juego se vuelva más uniformemente de ritmo. Arrastre el giro de la instrucción... grados (de la función Motion); a continuación, arrastre el operador Elija un número de... e... (de la función Operadores); tipo - 20 en la primera elipse y 20 en la segunda. Entonces queremos que la pequeña bola camine en esa dirección: arrastre la instrucción Mover... pasos (función De movimiento) y escriba 10 en la elipse. Compruebe el bloque de instrucciones completo.

Si la pelota toca los límites de la etapa, debemos anotar para el oponente y devolver la pelota al centro del escenario. Para ello, arrastre los controles hacia atrás si... entonces y tocando el color...; poner el color azul.

Este comando debe estar justo debajo del comando If, todavía dentro del comando Repetir hasta. Ahora arrastre la instrucción Añadir el... (de la función Variables) en El If... a continuación, seleccione el Jugador 1 para la variable que se agregará. Instrucción de arrastre Esperar... seg (Función de control); tipo 2 durante segundos. Arrastre Ir a x:... y:... (Función de movimiento) y escriba 0 para ambos.

Tenga en cuenta que las instrucciones para contar el Jugador 2 son casi idénticas. Por lo tanto, repita los pasos del párrafo anterior, cambiando sólo el reproductor y el color.

Cuando alguien, Jugador 1 o Jugador 2, alcanza 5 puntos, el programa saldrá del comando Repetir hasta que este comando controle. Entonces tenemos que ver quién hizo los cinco puntos. Para ello, arrastre otra instrucción Si... entonces, de lo contrario... (desde la función Control) hasta después del comando Repetir hasta. Arrastre al hexágono de If... el operador (de la función Operadores); al primer cuadro de arrastrar el jugador 1 (desde la función Variables); en el segundo cuadro, escriba 5.

Ahora arrastre a la primera apertura de la If... entonces, de lo contrario if... la instrucción Decir... Para... segundos; ingresa a "Jugador 1 Campeón!!!" y dos en la caja de segundos. Haga clic con el botón derecho en esta instrucción y, en el menú emergente, haga clic en Duplicar. Arrastre la instrucción duplicada para abrir Otherwise y haga clic de nuevo para liberar la instrucción copiada; escriba "Jugador 2" en lugar de "Jugador 1".

Estos son los comandos establecidos para el actor de pelota: la vista completa de su guión. Ya que tenemos tres actores en el escenario (la pelota y dos raquetas), tenemos que escribir los guiones de la raqueta.

Las raquetas sólo pueden moverse hacia arriba y hacia abajo. La primera usará las teclas W para subir y S para bajar; el segundo usará las teclas de flecha arriba para subir y bajar flecha para bajar. Necesitamos dos bloques de mando para cada raqueta.

Usted ha visto los comandos al hacer clic y va a x:... y y:... y el comando Siempre. El siguiente comando establece que la raqueta se levante cuando se presiona. El If... comando, pero aquí tenemos noticias: para el hexágono arrastrar la llave... comando presionado (desde la función Sensores) y seleccione W para la tecla; dentro del If... apertura entonces dos instrucciones entrarán: Añadir... a y (de la función Motion) y otro If... Entonces.

Escriba 15 en la primera instrucción; esto cambia la posición de la raqueta, haciendo que se eleve, ya que aumenta el valor de su coordenada y. A medida que la raqueta subió, la siguiente instrucción, Si... entonces, comprueba si tocó el borde. Arrastre el comando en toque a...? (desde la función Sensores) hasta el hexágono y el borde seleccionado. Arrastre otra instrucción, Vaya a x:... y y:... al segundo Si... entonces y escriba - 42 y 11.

El otro conjunto de instrucciones indica a la raqueta que baje cuando se presiona la tecla S y comprueba si ha tocado el borde inferior. Puede duplicar todo el conjunto: haga clic en el If... a continuación, haga clic con el botón derecho y luego en Duplicar. Arrastre la instrucción duplicada bajo el If... entonces todavía dentro de la Siempre y haga clic para liberarlo. Realice los cambios apropiados: seleccione S en lugar de W; tipo -15 en el En lugar de 15; tipo -293 en lugar de 11.

Tenga en cuenta que, manteniendo el valor de X constante en -42 y variando la Y, la raqueta sólo se mueve verticalmente (arriba y abajo).

Para el Jugador 2, los únicos cambios son las teclas Flecha arriba y Flecha hacia abajo y las posiciones x e y de la raqueta. Como el grupo de instrucciones es similar, puede duplicarlo: haga clic con el botón derecho en la instrucción Al hacer clic en... y seleccione Duplicar: todo el grupo de instrucciones "incrustado" se duplicará. Arrastre el grupo de instrucciones al área Actores y haga clic para colocarlo en el actor Raqueta 2. Ahora haga clic en el actor Raqueta 2 para que se muestre su guión (el duplicado). Cambie las teclas y las posiciones x e y.

Desarrollo de aplicaciones - Nivel difícil

Ahora vamos a crear un juego de nivel difícil, que llamaremos Block Breaker: el juego tendrá un menú, juego sobre la pantalla y será controlado por el ratón. Lo interesante de los bloques de roturas de juego es que funciona con casi todas las funciones que se encuentran en la plataforma Scratch, y el jugador tendrá un montón de diversión desarrollando el juego y jugando porque el objetivo principal del juego es romper todos los bloques en la más corta tiempo posible.

Vamos a importar la etapa de la biblioteca: vaya a la esquina izquierda a continuación y haga clic en el icono Elegir fondo; se muestran varios modelos de la biblioteca, elija uno (puede ser el muro de ladrillo 1) y haga clic en Aceptar. Con el Editor de pintura (consulte el elemento PAINT EDITOR), dibuje una línea verde en la parte inferior del muro; tenga en cuenta que hay una barra de desplazamiento debajo del escenario; recuerde dibujar la línea a lo largo de toda su longitud. Esta línea será el límite: cada vez que la pelota la toque, pasando a través de la raqueta, se enviará un mensaje de Game Over, y el juego terminará.

Ahora vamos a crear la raqueta (nuestro primer actor) que rebotará la pelota para romper los bloques. Repita lo que ya ha hecho; ahora, la raqueta es horizontal y tiene un color azul.

Los bloques que serán destruidos por la pelota también son actores. Como hiciste con la raqueta, dibuja un bloque. El doble de los bloques, como lo hiciste (en nuestro caso, nos quedan 18 bloques. Asigne un nombre a los bloques clasiquédándolos: Bloque 1, Bloque 2, Bloque 3... y definir los colores para que los bloques tengan una estructura heterogénea. Nuestro otro actor es la pelota; lo importaremos de la biblioteca, siguiendo el script. Nuestro otro actor es la pelota; lo importaremos de la biblioteca, siguiendo el script.

Después de crear todos los actores, arrástrelos al escenario, dejándolos en la posición. Ahora tenemos que programar cada uno de estos personajes. El primer guión será la raqueta: caminará sólo en el eje X, siguiendo al ratón, y tendrá que rebotar la pelota. Haga clic en la raqueta actoral y la pestaña Scripts colocar las dos instrucciones de inicio Al hacer clic y volver a x:... y y:... cambiar la posición inicial a x: -58 e y: -148.

A continuación, ponga la instrucción siempre. Arrastre la instrucción Cambiar x a... (desde la función Motion) hasta la apertura sempre; a continuación, arrastre la instrucción x de posición del ratón (desde la función Sensores) al cuadro de escritura. Con esto, la raqueta permanecerá en la misma línea (eje y) pero seguirá al ratón a derecha e izquierda (variando el eje X).

Eso por sí solo constituye el guión de la raqueta. Los bloques también tienen un comportamiento simple: cuando el juego comienza, se muestran en una determinada posición; si la pelota los toca, se esconden. Para ello, usaremos dos comandos Nuevos: Mostrar y Ocultar (desde la función Apariencia). Haga clic en un bloque para iniciar el script. Coloque el comando Al hacer clic en... (desde la función Eventos) y, a continuación, arrastre el comando Mostrar (desde la función Apariencia) y Ir a x:... y:... (de la función Motion) y escriba -186 y 176.

Coloque la instrucción siempre (desde la función Control) y arrastre, en su apertura, el If... a continuación (desde el comando Control); arrastre la instrucción Tocar a...? (desde la función Sensores) hasta después de If... y seleccione Bola en el cuadro de selección. Dentro de la Si... a continuación, coloque dos comandos: Esperar... sec (desde la función Control) y Ocultar (desde la función Apariencia); escriba 0.2 para segundos (duplique el script para cada bloque y cambie solo la posición de cada uno).

Ahora vamos a desarrollar las funciones del personaje principal, la pequeña bola. Además de moverse en cualquier dirección, la pelota también controlará la puntuación del jugador: cada vez que destruya uno de los bloques, añadirá un punto para el jugador. Haga clic en la pelota, en el área Actores, y Scripts. Coloque el comando Al hacer clic en... (de la función Eventos) y ir a x:... y:... (de la función Motion) y escriba -26 y 67. De esa manera, la pequeña bola estará por encima de la raqueta. Arrastre el punto de instrucción a la dirección... grados (de la función Movimiento) y seleccione 0 para los grados; esta dirección hace que la pelota suba. En la función Variables, cree una variable con el nombre Score (hemos creado dos variables recientemente). Arrastre la instrucción Cambiar... Para... a la puntuación comienza en cero.

El juego termina en tres situaciones: si todos los bloques son destruidos, si el tiempo termina o si la pequeña bola toca la línea verde. Vamos a poner la función de bucle siempre; dentro de la apertura de este comando, los otros bloques de comandos siempre seguirán.

Arrastre las dos instrucciones Mover ... pasos y si toca el borde, gire (desde la función Movimiento); esto establece la velocidad de la pelota y la mantiene dentro de los bordes del escenario.

El siguiente bloque agregará 1 punto a la puntuación si se destruye un bloque; tomará un poco de trabajo porque hay demasiados bloques. Arrastre el If... a continuación (desde la función Control). Arrastre, al hexágono después de la Se, el operador Or (desde la función Operadores); ahora arrastrar, al primer hexágono de la Or, la instrucción Tocando...? (de la función Sensores) y seleccione Bloque 1.

Ahora es necesario probar los otros bloques. Para el hexágono vacío de O arrastre otro operador O; para el primer hexágono vacío arrastrar otra instrucción Tocando...? Y seleccione Bloque 2. Para el hexágono vacío de O arrastre otro operador O; para el primer hexágono vacío arrastrar otra instrucción Tocando...? Y seleccione Bloque 3. Puesto que tenemos 18 bloques, debe repetir este proceso para los primeros 17 bloques. ¿El último operador o recibirá en cada hexágono una instrucción Tocando...? Uno para el bloque 17 y otro para el bloque 18. Observe cómo se ve en el If...

Dentro del comando If... entonces pondremos tres comandos, que se ejecutarán cuando se destruya un bloque: añadir 1 punto a la partitura, hacer la pelota de nuevo y reproducir una canción. Arrastre la instrucción Añadir el... 1, desde la función Variables; seleccione Puntuación. Arrastre el punto de instrucción a la dirección... grados; completarlo colocando un operador menos de la misma manera que lo hizo para el último paso. Arrastre la instrucción Reproducir el sonido... función de sonido e importar una canción de la biblioteca.

Cuando la pequeña bola toca la raqueta, debe cambiar de dirección y hacer un movimiento aleatorio; ya hemos hecho esto con la pequeña pelota de ping-pong. Arrastre otra instrucción Si... a continuación, arrastrar, en el hexágono de Se, la instrucción de tocar...? (desde la función Sensores) y seleccione Raqueta.

Arrastre a la If... entonces la instrucción Point to the direction... grados; completarlo colocando un operador; ahora, sin embargo, la resta se invierte. A continuación, arrastre la instrucción Gire... grados (de la función Motion) y completarlo.

Si la pelota pasa la raqueta y toca la línea verde, el juego termina, y se muestra la puntuación del jugador. Los has utilizado todos: el If... luego con Tocar el color...; el Say... Para... segundos y el stop...

Si la puntuación alcanza el máximo, mostramos el mensaje Felicidades y la puntuación obtenida por el jugador. Ya ha utilizado todos ellos: el If... luego con una comparación; los demás, en la figura anterior, se pueden duplicar.

Todavía tienes que ver el temporizador: vamos a limitar el tiempo de juego en dos minutos; si superas, ¡se acabó el juego! Arrastre otra función si... a continuación (desde la función Control); arrastrar al hexágono después de la If Operador Major > (de la función Operadores); ahora arrastre al primer hexágono de la instrucción Valor de cronómetro (desde la función Sensores); tipo 120 en el segundo hexágono del >. Dobla las dos instrucciones Decir... Para... segundos y Stop... y ponerlos dentro de la abertura de la If... Entonces.

Capítulo Cuatro

Python con Raspberry Pi

Se requiere un lenguaje de programación para comunicarse con el equipo. Así es como recibe instrucciones y hace lo que el programador pide. Sin embargo, el equipo no es capaz de entender el lenguaje humano. Sólo reconoce dos valores: 0 (sin paso de corriente eléctrica) y 1 (con el paso de corriente eléctrica), lo que haría imposible la comunicación con los seres humanos. Los lenguajes de programación fueron inventados para que podamos hablarhumanamente, y a través de alguna traducción, el ordenador puede entender en su idioma.

Scratch, que acabamos de ver, puede entenderse como un lenguaje de programación, sólo para dos propósitos específicos: crear juegos y utilizar una interfaz visual para arrastrar comandos para ocultar la complejidad de los lenguajes de programación de propósito general.

Hay docenas de lenguajes de programación de propósito general; cada uno de ellos tiene normas o reglas de codificación específicas, que llamamos sintaxis. Usted puede entender esto como la gramática del idioma. La diferencia es que si hay un error de sintaxis, incluso un punto y coma, el comando no se traducirá para el equipo: habrá un error de sintaxis. En Scratch, apenas se produce un error de sintaxis porque escribe poco: los comandos están listos, se completa poco. En los lenguajes de uso general, pueden producirse varios errores de sintaxis.

Además, el ordenador sólo realiza las acciones que se programaron. Usted es el que tiene que asegurarse de que todas las instrucciones necesarias se han puesto en el orden correcto; llamamos a esto la lógica del programa. Scratch no puede impedir que cometas errores lógicos; ningún lenguaje puede. Usted lo descubre cuando está probando o usando el programa.

El lenguaje Python presenta una sintaxis de alto nivel; decimos esto porque su forma de escribir está muy cerca del lenguaje humano. Fue concebido en 1889 por Guido Van Rossum en el Instituto de Investigación de Matemáticas y Ciencias de la Computación en los Países Bajos y fue anunciado en 1991. El lenguaje es claro y objetivo, evitando el uso de caracteres especiales en el código. Sus variables son la escritura dinámica; es decir, no es necesario declarar su tipo: adoptan el tipo de valor que reciben. Otra característica importante es la sangría del código. Es decir, la forma en que se organiza el texto: debe tener sus bloques organizados con el espaciado correcto; de lo contrario, no funcionará. Además, Python admite la orientación de objetos.

Instalación de Python

Para desarrollar en Python, primero debe descargar su plataforma de desarrollo. Está disponible en la página web oficial (python.org).

Para descargar e instalar Python siga estos pasos:

1. Acceda al enlace < https://www.python.org/downloads/release/python-341/>.

2. Desplácese hacia abajo por la página hasta la sección Archivo y seleccione la opción que desea descargar. Aquí descargará la opción del instalador MSI de Windows x86.

3. Una vez descargado el archivo, haga doble clic en él para ejecutarlo. Haga clic en el botón Ejecutar

4. En la siguiente pantalla, Figura 81, tiene la opción de instalar Python para todos los usuarios de equipos, o solo para usted. Elija la opción deseada y haga clic en Siguiente.

5. A continuación, podemos elegir el directorio donde instalar Python. Elija otro directorio o déjelo en el valor predeterminado; haga clic en Siguiente.

6. A continuación, puede elegir los componentes que desea instalar. Si no está seguro de qué componentes desea, deje el patrón ya seleccionado. Haga clic en Siguiente.

7. Para completar la instalación, haga clic en Finalizar.

Primeros pasos

Una vez completada la instalación, veremos cómo desarrollar programas y ejecutarlos. Primero busquemos el entorno de Python: en el menú de inicio, en el tipo de campo de búsqueda inactivo, y haga clic para buscar:

Como resultado, un programa llamado IDLE (Python GUI) aparecerá en la sección programs. Haga clic en él y se abrirá la pantalla del shell de Python. La versión de Python aparece en la barra de título de la ventana de la aplicación, en este caso, "Python 3.4.1 Shell". Trabajando con más de una versión de Python, este detalle es importante para diferenciarlos.

Para escribir código en Python, debe abrir un nuevo archivo python. Abra el menú Archivo:

A continuación, haga clic en Nuevo archivo. Se mostrará la pantalla de la siguiente figura:

Se abrirá un archivo en blanco. En él se insertará en el código de los programas en Python. Vamos a hacer un programa para mostrar un saludo; escriba el siguiente código25: print ("Bienvenido a Python"), como se muestra en la siguiente figura. Este comando hace que el programa muestre el mensaje "Bienvenido a Python" en la pantalla.

Tenga en cuenta que las palabras tienen algunos colores, como violeta, negro y verde. El color violeta se utiliza para los comandos, verde para el texto que aparecerá en la pantalla (menos las comillas) y negro para las otras partes del código.

Para ejecutar el código, vaya al menú, haga clic en "Ejecutar" y, a continuación, en "Ejecutar módulo" o pulse la tecla F5.

Antes de que se ejecute el programa, es necesario guardarlo. Aparecerá un mensaje para confirmar este procedimiento. Haga clic en Aceptar para guardar.

Si lo confirma, se le preguntará dónde desea guardar el programa y su nombre. Asigne un nombre al programa (puede ser un ejemplo1), elija una ubicación para guardarlo y haga clic en Guardar.

Ahora, sí, lo hará. El programa mostrará el mensaje en la pantalla de Python Shell, de acuerdo con la siguiente figura.

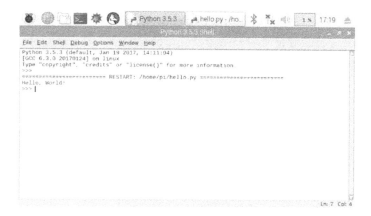

Este es un ejemplo de un código muy simple, que sólo muestra un mensaje de la pantalla. En el siguiente código, trabajaremos con los comandos de entrada y salida.

Comandos de entrada y salida

Los comandos de entrada y salida son los comandos más básicos y esenciales para un programa informático porque el propósito de los programas es: recibir la entrada de datos, procesarlos y mostrar el resultado de este procesamiento (salida).

Los comandos de entrada reciben y procesan los datos que el usuario pasa al programa. Los datos de entrada pueden ser: las teclas que escribe, los movimientos o los clics del ratón, los datos leídos de un archivo o base de datos, la información recibida por un escáner, etc. En nuestros ejemplos, trabajaremos con entradas de teclado.

Los comandos de salida presentan información al usuario. Estos pueden ser información en la pantalla del ordenador, datos guardados en un archivo, páginas impresas, etc. En nuestro caso, las salidas de información estarán en la pantalla del ordenador.

Se imprime el comando utilizado para mostrar una salida de datos en la pantalla. Cuando el programa desea mostrar algo al usuario, lo hace usando este comando. Por ejemplo, el saludo Bienvenido al programa, para que nuestro programa lo escriba en la pantalla, usamos print:

Ejemplo 1 - Comando de impresión

1 impresión ("Bienvenido al programa")

La estructura de este programa es bastante simple: primero, tenemos la palabra impresa, luego abrimos corchetes y luego comillas. Todo entre las cotizaciones aparecerá en la pantalla. No podemos olvidarnos de cerrar las comillas y los paréntesis, recordando que el primero en abrir (en este caso, los paréntesis) es el último en cerrar. Todo lo que se coloca dentro de los paréntesis pertenece al comando de impresión.

Para recibir las entradas del teclado, usamos el comando de entrada. Este comando captura lo que el usuario ha escrito en el teclado. Sin embargo, simplemente leer (capturar) lo que el usuario escribe no es suficiente, porque cuando leemos lo que el usuario escribe, queremos guardar esa información para usar en el programa.

Para guardar la información, utilizamos variables. Como el propio nombre dice, una variable es algo cuyo valor puede variar. Cada variable tiene un nombre y un valor. Por ejemplo, el nombre de variable x tiene el valor 5, y la variable y tiene el valor 1.5, el nombre de la variable tiene el valor José.

El nombre de las variables es el programador que define, siendo posible, cualquier nombre diferente de los comandos de Python. Por ejemplo, no podrá asignar el nombre de impresión de una variable; de lo contrario, el equipo pensará que está introduciendo un comando de salida.

En nuestro comando de entrada, necesitaremos una variable para recibir lo que el usuario escribe en el teclado. Normalmente, cuando se utiliza este comando, la instrucción anterior es un comando de salida, para especificar lo que el programa desea que escriba. Si desea que el usuario escriba su nombre, primero es bueno mostrar un mensaje para preguntar: "¿Cuál es su nombre? Por ejemplo:

Ejemplo 2 - Comando de entrada

1 print("¿Cuál es tu nombre?")

2 tunombre: input()

En este ejemplo, tenemos un comando exit y, a continuación, un comando de entrada. Ya hemos visto la estructura del comando de salida, y ahora explicaremos la estructura del comando de entrada.

Antes del comando de entrada, tenemos una variable de nombre yourname. Su valor será lo que el usuario escribe en el teclado: si escribe Peter, la variable tendrá el valor Peter justo después de que haya un signo . Normalmente aprendemos que este signo es el mismo, pero en Python y varios otros lenguajes de programación, leemos este signo como recibe.

Por lo tanto, en este ejemplo, la variable yourname obtiene lo que escribe. Justo después de eso viene el comando de entrada, que tiene la función de leer lo que se escribe en el teclado. Cuando el usuario presiona la tecla ENTER, se interrumpe la lectura del teclado y todo lo que se ha escrito pasa a la variable yourname.

También hay otra manera de escribir este comando: mostrando un mensaje dentro de los corchetes. Esto evita el uso de la impresión:

Ejemplo 3 - Uso de la entrada para escribir y leer datos

1 yourname á input("¿Cuál es su nombre?")

Ese código hace lo mismo que el anterior. La diferencia es que la entrada esta vez también mostrará un mensaje en la pantalla antes de que el usuario escriba. Es muy útil utilizar la entrada de esta manera porque acelera la escritura del código y lo hace más pequeño y simple.

Con este conocimiento ya es posible escribir un pequeño código de registro, donde las funciones descritas anteriormente serán más detalladas. El primer programa es el siguiente:

Programa 1 - Registro de clientes

1 print("Registro del cliente!")

2 nombre: input("Introducir nombre de cliente: ")

3 teléfonos : input("Enter contact phone: ")

4 cpf á input("Introducir el CPF: ")

5 dirección input("Introducir dirección: ")

6 vecindarios á input("Escriba la vecindad: ")

7 entrada de la ciudad("Introducir la ciudad: ")

8 estado input("Ingrese el estado en el que vive: ")

9 entrada de profesión("Escriba la profesión: ")

10 impresión ("NClient:" + nombre + "nTelephone:" + teléfono + "NCPF:" + cpf + "nAddress")

11 + Dirección + "n Vecindario:" + distrito + "nCiudad:" + ciudad + "nEstado"

12 + Estado + profesión "nProfession" +)

El código anterior solicita los datos de un cliente, guarda los valores introducidos en variables y al final muestra todos los datos introducidos. Para facilitar la localización, el código anterior se ha numerado, los números colocados a la izquierda de las líneas, pero estos no forman parte del código. El código funciona de la siguiente manera:

La línea 1 le dice de qué se trata el programa: el comando print escribirá "Registro de cliente" en la primera línea de la pantalla.

Justo después de eso, otra línea se escribe en la pantalla: Escriba el nombre del cliente. Esta frase se escribe mediante el comando de entrada (línea 2), que espera a que el usuario escriba algo. Cuando el usuario escribe algo y presiona ENTRAR, este comando transfiere todo lo que se ha leído desde el teclado (es decir, las teclas que el usuario ha escrito) al nombre de la variable. Por lo tanto, el contenido de esta variable se convierte en lo que el usuario escribió. Después de eso, cada vez que desee saber lo que el usuario escribió, busque el nombre de la variable. El mismo proceso se realiza para teléfono, CPF, dirección, barrio, ciudad, estado, profesión (líneas 3 a 9).

Las líneas 10, 11 y 12 hacen que el programa muestre todo lo que se ha escrito hasta ahora, con el comando de impresión.

Las tres líneas anteriores son un solo comando; se dividió en tres líneas porque es demasiado grande. Es importante recordar que todo lo que está entre corchetes pertenece al comando de impresión.

Para empezar, el comando escribe Cliente en la pantalla. Sin embargo, tenga en cuenta que en el ejemplo anterior, dice "Cliente: "; los caracteres no aparecerán en la pantalla, ya que forman parte de la sintaxis de impresión: sirven para indicar al programa que omita una línea en la pantalla. En Python, cada vez que utilice un comando de impresión, el mensaje en pantalla se muestra en la siguiente línea.

Puesto que usamos un solo comando, el programa escribiría todo en una sola línea. Sin embargo, ya que queremos todos los datos de forma ordenada, una línea por debajo de la otra, y con un solo comando, usamos el valor de n; esto omitirá una línea antes de la visualización de cada línea. Además, tenga en cuenta que para escribir Cliente: ponemos todo en comillas, escribiendo "Cliente: " incluyendo el espacio en blanco porque este es un texto que queremos que se escriba exactamente así.

En el comando, después de "Cliente: "hay un signo +. Este signo, en este contexto, no tiene ninguna conexión con la suma de la operación matemática, ya que, en este ejemplo, trabajamos con caracteres, que no se pueden sumar. El signo + aquí significa que después de Cliente: habrá más caracteres para ser escritos por el mismo comando de impresión. En ese caso, el signo + podría ser reemplazado por una coma, teniendo el mismo efecto.

De esta manera, el programa escribirá Cliente: y algo más. Este "algo más" que viene después del signo + es el nombre de la variable. Tenga en cuenta que el nombre no está escrito entre comillas, porque el objetivo no es mostrar la palabra "nombre", sino el contenido del nombre de la variable. Dado que lo que ha escrito se almacenó en el nombre de la variable, el comando print, al mostrar el valor de la variable, mostrará exactamente lo que escribió anteriormente. Por ejemplo, si el usuario ha escrito Peter, esta primera línea aparecerá así: Cliente: Pedro.

Después del nombre, hay otro signo más, lo que significa que hay más para escribir en la pantalla. El programa se salta una línea debido a la n y escribe Teléfono: y justo en frente, pone el contenido de la variable de teléfono. El mismo proceso se realiza para CPF, dirección, vecindario, ciudad, estado y profesión. La salida de datos dependerá de lo que el usuario escribe.

Comandos de decisión

Los comandos descritos en el elemento anterior son muy útiles, ya que permiten que el programa y el usuario interactúen. Sin embargo, la entrada y salida de datos son tareas muy sencillas, que puede hacer usted mismo. Por lo general, se espera que un programa realice algún procesamiento de estos datos y muestre el resultado del procesamiento. Para ello se utilizan otros tipos de comandos. Un tipo importante cubre los comandos de decisión. Como su nombre indica, estos son para que el programa tome decisiones; es decir, de acuerdo con una condición; el programa hará una u otra acción.

En Python, el comando if se utiliza para la toma de decisiones. Significa si, y funciona de la siguiente manera: si se cumple una determinada condición, realice estas acciones. La estructura if es la siguiente:

Ejemplo 4 - Sistema de decisión Estructura simple

1 si (condición):

2 comando1

3 comando2

4 comando3

Tenga en cuenta que si las líneas de estiramiento debajo de command1 y command2 tienen un desplazamiento correcto, comando3 no. Esto se debe a que la sangría (organización de código) en Python tiene un papel muy importante: desde el mismo, que se sabe que pertenece al comando if (command1 y command2) y aquellos que no (comando3). Por lo tanto, sigue siendo código organizado y más comprensible.

Una condición, como colocada en la sintaxis si es una comparación. El resultado de la comparación puede ser true o false. Hay varias maneras de comparar, y que es utilizado por algunos operadores (ver la tabla a continuación - Operadores):

Operador	Significado
==	Igual
! =	Diferente
>	Más grande entonces
<	Menos de
> ?	Mayor o igual
<o	Menor o igual

Todavía hay juntos como si dos condiciones en el mismo. Esto se hace a través del operador lógico, escrito como && . De esta manera, puede hacer que el programa sólo realice ciertas acciones si satisface una condición o muchas al mismo tiempo.

Una condición se puede escribir de la siguiente manera:

Ejemplo 5 - Condición única

1si número> 0:

2print("El número es positivo!")

En este caso, estamos comparando un número reportado previamente; es mayor que 0. Si es así, el programa muestra el mensaje "El número es positivo." Si el número introducido no es mayor que 0, el programa no realiza el comando print, ya que no cumple la condición (el resultado de la comparación es false) y no se imprimirá nada. Por lo tanto, el comando print forma parte de if y solo si se trata de él cuando el resultado de la comparación del comando if es true.

Puede unir seis condiciones con los operadores && y . explicado anteriormente:

Ejemplo 6 - Condición consistente

1if number> 0&& number <10:

2print("El número está entre 0 y 10!")

En este código, hay dos condiciones: si el número es mayor que 0 y si el número es menor que 10. Si el número probado para cumplir ambas condiciones, el programa muestra el mensaje; el caso no cumple con las dos condiciones; el comando print no se ejecuta.

Hasta ahora, hemos visto el funcionamiento de si cuando se cumple la condición; sin embargo, también puede programar alguna acción para cuando no se cumpla la condición. Para ese uso, la extensión else, que significa solamente. Si la condición es verdadera, el programa llevará a cabo una acción en particular; si no, se llevará a cabo otra acción.

Ejemplo 7 - Control Else

1si número> 0:

2print("El número es positivo!")

3else:

4print("¡El número no es positivo!")

En este ejemplo, una condición es un número mayor que 0. Si el número responde a la condición, el programa muestra el mensaje "El número es positivo." Si no responde, el programa mostrará el mensaje "El número no es positivo." Tenga en cuenta que el programa siempre realizará una y sólo una de las acciones.

En algunos casos, será necesario especificar las condiciones para realizar una determinada acción: si no se cumple una condición, puede comprobar otra, luego otra, y otra, ejecutándose sucesivamente sólo después de varias condiciones examinadas. Para estas pruebas sucesivas puede usar otro si. El si también se puede escribir en forma simplificada: elif.

Ejemplo 8 - Estructura completa con comandos de decisión

Condición 1si:

2acción

Condición 3elif:

4acción

5demás:

6acción

Esta es la estructura de la decisión si el comando, que se puede extender con if else (elif) y else. En el ejemplo siguiente se comprueba si un número es positivo, cero o negativo. Es importante recordar que además de o en lugar de la instrucción print podría colocarse un bloque con varias otras instrucciones.

74

Ejemplo 9 - Comando elif

1si número> 0:

2print("El número es positivo!")

Número 3elif 0:

4print("¡El número es cero!")

5demás:

6print("¡El número es negativo!")

La primera condición del ejemplo es numero> 0. Si cumple esta condición, el número es positivo; No respondemos,nopodemosdecir que es negativo, puede ser cero. Así que tenemos que probar otra condición: si el número es 0. Si es igual a 0, el otro no es necesario probar porque sólo puede ser negativo.

Aplicación o pareja impar

Esta aplicación utilizará los conceptos que se enseñan aquí. Sin embargo, incluirá operaciones aritméticas. Los operadores aritméticos (como Tabla a continuación - Operadores aritméticos) en Python son:

Operador	Significado
+	Suma
-	Resta

*	Multiplicación
/	División (resultado exacto)
//	División (resultados completos)
**	Potenciación
%	Módulo (resto de división)

La aplicación recibe un número escrito y dice que el número es impar o par.

Programa 2 - Impar o Par

1impresión ("Impar o Par)

2x - int (Entrada ("Introducir un número:"))

3si x% 2 o 0:

4print (X" es par!")68´´{{{'yyy'}8

5demás:

6impresión (X"¡Es extraño!")

En la línea 1, el programa muestra un mensaje de bienvenida que indica el propósito del programa — las dos líneas siguientes debido a los saltos.

En la línea 2, el programa muestra un mensaje que solicita al usuario que introduzca un número. Tenga en cuenta que el comando de entrada es diferente de la primera aplicación porque esta vez, queremos que el usuario escriba un número, no un carácter. El comando de entrada lee los valores del teclado como caracteres; para cambiar eso, tenemos que convertir el valor introducido a otro tipo de datos, un entero. Para realizar esta conversión, usamos int () y dentro de los paréntesis, pero los datos que se convertirán al tipo int. Por lo tanto, la variable x recibirá un número y será de tipo entero.

En la línea 3, la condición si el comando se prueba si el número es par. Para saber si un número es incluso necesario, se divide por 2, y el resto debe dar 0. Para el resto de una división, tenemos que usar el símbolo%. Esta operación x% 2 devuelve el resto de la división; por ejemplo, 5% 2 es igual a 1, es decir, 5 dividiendo por 2, el cociente, y el resto es 1. Entonces el comando se puede entender de esta manera: si el número ingresado por el usuario x, dividido por 2, 0 de descanso, entonces realice las acciones que vienen después de los dos puntos.

Después de introducir los dos puntos, presione la tecla ENTER. La siguiente línea aparece ligeramente desplazado hacia la derecha. Esto significa que esta acción pertenece a la condición anterior.

Cumplió la condición de if, el programa muestra un mensaje (línea 4), escribiendo el número introducido por el usuario, entonces el mensaje es par. Por ejemplo, si introduce 4, el programa mostrará el mensaje "4 es par."

Si no responde a la condición if, el programa realizará otra acción, correspondiente a la otra (línea 5). Recuerde introducir los dos puntos y, a continuación, presione ENTRAR para que la línea siguiente se desplace a la derecha.

Esta es la otra acción: Si el número a dividir por 2, para dar descanso 1, el programa mostrará un mensaje diciendo que el número es impar (línea 6).

Repetición de control

Cada programa de acción tiene que introducir un comando correspondiente. Pero hay situaciones en las que necesita ejecutar el mismo comando varias veces. Por ejemplo, imagine si se muestran mil números, era necesario escribir mil comandos de impresión () - para evitar esto, los lenguajes de programación tienen instrucciones que permiten al programa repetir un fragmento de código varias veces. El lenguaje Python tiene dos comandos de repetición: for y while. Con ellos, puede repetir un grupo de instrucciones (que llamamos bucle) un cierto número de veces o hasta una condición específica.

Para repetir comandos se necesita una cierta cantidad de veces que se necesita una variable para contar cuántas veces se repitió el código. Por ejemplo, para repetir 20 veces, podemos usar la variable i. Para el trabajo, la variable i debe inicializarse en 0 antes de entrar en el bucle, y dentro del bucle, debe incrementarse en 1; la condición le dirá que la unión debe ser descontinuada cuando llegue a 20.

Otra manera de establecer el tiempo de detener el comando repeat es el uso de una condición, por ejemplo, hasta que el usuario escriba algo. En este caso, no contamos el número de veces, pero también necesitamos una variable para controlar la condición: almacenará lo que el usuario escribe. Por ejemplo, podemos decirle al programa que repita el grupo de instrucciones ya que la palabra variable es diferente de "stop"; cuando el usuario escribe "detener", el programa para repetir ese estiramiento.

Cuando sabemos o tenemos que saber cuántas veces repetimos un fragmento de código, normalmente usamos el comando es. Para utilizar este comando se requiere una variable que contará cuántas veces fue la repetición. Junto con el uso para el comando range (). Este comando determina un rango que tiene tres parámetros: valor inicial y el valor de umbral final que se agregará a cada repetición. La estructura del comando es la siguiente:

Ejemplo 10 - La estructura de comandos está en rango ()

1 Esvariable en rango (parámetros)

2 Comando

3 Comando

4 Comando

Cuando usamos solo un argumento en el comando range, este valor será el límite final. Por ejemplo, el rango (10) indica un rango de 0 a 9; los elementos tienen el rango 10: [0,1,2,3,4,5,6,7,8,9]; el valor 10 no está en el conjunto porque el comando enumerará los valores a números menores que el número establecido (10 es el límite); en este caso, el comando range inicia el intervalo con el número 0. Vea el ejemplo:

Ejemplo 11 - Rango de control con un solo parámetro

1 is i en rango(10):

2 print("El valor de la variable i es"I)

En este caso, la variable i toma valores en el intervalo [0,1,2,3,4,5,6,7,8,9]. Al principio, i se establece en 0, y el comando se ejecuta el comando print que muestra el mensaje de que el valor de la variable i es 0. Después de la variable, i toma el siguiente valor es 1 y para realizar la impresión de nuevo. Esto sucederá hasta que la variable i alcance el último valor del intervalo, el intervalo 9. ¿Cómo ha

10 elementos, el programa realizará el estiramiento 10 veces, 10 mensajes salientes de impresión. Tenga en cuenta que cuando se pasa solo un elemento al intervalo, el número de repeticiones coincide con el número introducido.

Al pasar dos parámetros al rango, el primer parámetro es el primer intervalo y el segundo número es el límite final. Por ejemplo, rango (1,10): el intervalo comenzará en 1 y 1 a 9: [1,2,3,4,5,6,7,8,9] y 9 tienen elementos. Esto se muestra en el ejemplo siguiente:

Ejemplo 12 - Control de rango con dos parámetros

1is i en rango(1.10):

2print("El valor de la variable i es"I)

Si usamos tres parámetros, los parámetros de la orden serán: valor inicial, valor límite y valor para agregar por ciclo. Por ejemplo, rango (0,11,2): el intervalo comenzará en 0 y hasta 11, 2 a 2: [0,2,4,6,8,10], que contiene 6 elementos; el tercer parámetro agrega 2 cada ciclo de la variable de control. Tenga en cuenta el ejemplo:

Ejemplo 13 - Control de rango con tres parámetros

1is i en rango(0,11,2)

2print("El valor de la variable i es"I)

Si no es posible determinar cuántas repeticiones se requieren, usamos la instrucción while (es decir, ahora). Este comando debe informar la condición necesaria para que realice, por ejemplo, mientras que el usuario escribe algo distinto de "salir". Por lo tanto, no hay manera de saber cuántas veces se repetirá el bucle while, ya que depende de lo que el usuario escriba. La instrucción while está estructurada de esta manera:

Ejemplo 14 - mientras que la estructura de comandos

1tiempo condición:

2command

3command

4Command

Ahora vea un ejemplo práctico de uso del comando mientras:

Ejemplo 15 - Comando mientras

1número a 0

2por tanto número <-10:

3print("Introduzca un número mayor que 10")

4entrada (número)

Este programa pide al usuario que introduzca un número mayor que 10. Mientras que el usuario no introduce un número mayor que 10, el programa pregunta de nuevo, escribiendo el número. El número de variable comienza con 0 para asegurarse de que el bucle de repetición durante la primera ejecución. Después de eso, la impresión () muestra el mensaje "introducir un número mayor que 10", y la entrada () lee lo que el usuario escribe. El programa posterior que hay que hacer mientras se realiza la condición de la prueba con el número introducido.

Cuando se introduce un número mayor que 10, la condición numérica < 10 se convertirá en false y, a continuación, el programa saldrá del bucle.

Suma de números de solicitud

El siguiente programa ilustra el uso de dos variables que utiliza el rango del rango. Esta aplicación permite al usuario la suma de un rango de números, por ejemplo, de 0 a 100; para eso, debe ingresar el rango más bajo y más alto del número.

Programa 3 - Números totales

1 impresión ("¡Suma de números!") #Write en los "Números de Soma."

2 first_number a int (entrada ("Introduzca el número desde el que desea

añadir: "))

3 last_number a int (entrada ("Introduzca el último número en el lugar que desee

añadir: "))

4 sumas a 0

5 es i en el rango (First_number, last_number + 1):

6 sumas : suma + i

7 impresión ("La suma es", Suma)

8 #plays un mensaje con el valor de la suma variable

En primer lugar, hay un mensaje inicial de lo que el programa trata: "suma de números." Tenga en cuenta que hay un signo de la primera línea; indica que comienza un comentario en el código. El comentario es un fragmento de código que no realiza ninguna otra acción en el código; su función es sólo informativa, ayudando a entender el programa. Es de color rojo.

En las líneas 2 y 3 llama al usuario que introduce el primer número de la serie, y luego el último número de la serie. Los comandos de entrada () están dentro de int (). Esto se debe a que deben convertirse al tipo int (entero). Tenga en cuenta que las líneas se rompieron; no cabe en la página. En Python, el editor no debe romper estas líneas.

Para llevar a cabo la suma, es necesario almacenar el valor acumulado en un importe variable (línea 4). Su valor debe ser inicialmente cero, y agregamos cualquier número todavía.

En las líneas 5 y 6 es lo que sucede con la suma de los números. Usamos un comando repeat para comprobar el programa añadiendo los números consecutivos y acumulando la suma variable. El comando necesita un contador, la variable i, para saber dónde comienza y dónde termina. El comando range se utilizó con dos parámetros (first_number y last_number + 1): el primero es el valor inicial que se asignará a la variable, y el segundo es hasta qué punto llegará el valor de la variable. Queremos añadir del first_number al last_number inclusive. Por lo tanto, el segundo parámetro es last_number + 1, y esto garantiza que el programa también añadirá los last_number introducidos por el usuario. Como se indica en el tercer rango de parámetros, con cada repetición, i se incrementa en uno.

Poco después de que el colon es la acción del comando se agrega a la suma variable. Como i se incrementa en 1 cada ciclo, si añadimos el valor, tendremos la suma de la serie. La suma variable es responsable de almacenar los valores agregados; por lo tanto, la suma se obtiene a sí misma más la variable i. El valor de la suma que aparece en el lado derecho. El programa resuelve las operaciones que se describen en el lado derecho. Por lo tanto, se agrega el valor de suma anterior con el nuevo valor asignado, es decir, la suma; por lo tanto, completada esa instrucción, la suma tendrá un nuevo valor.

Por ejemplo, si el usuario escribe 1 y 3. El valor de i será el primero y agregar uno obtener (0) sobre i (1), por lo que la suma tendrá el valor 1. En el segundo ciclo, i aumenta por 1 y se sustituye por el valor 2; por lo que la suma en sí recibe (1) sobre i (2); sumarlo asume el valor 3. En el tercer ciclo, es decir, se convierte en vale 3 recibe la suma en sí (3) sobre i (3), esta suma tiene el valor 6. Por lo tanto, la suma de los números del 1 al 3 da como resultado 6.

Por último, el programa muestra un mensaje indicando el resultado. Después de ejecutar el programa, el resultado es similar al que se muestra en la siguiente figura.

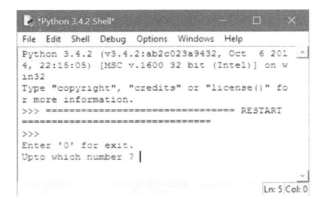

Lista

El lenguaje Python tiene varios tipos de datos básicos. Pueden ser enteros, como 1, 2 y 3, con caracteres a, b o números con decimales, como 1.5, 2.2 y 2.5. Pero la variable almacena solo un valor a la vez, aunque este valor se puede cambiar cada vez que recibe un nuevo valor. Sin embargo, a veces es necesario almacenar una secuencia de valores. Para ello, hay una lista de datos, que también se pueden llamar matriz.

Una lista es un tipo de datos que admite varios valores; una variable de lista de tipos consta de varios elementos, cada uno con un valor. Cada sección de lista tiene un índice, a partir de 0 (cero). El número total de elementos de una lista se puede definir o indefinir. La lista de la instrucción se realiza de la misma manera que se declara una variable, nombrándola y asignando su valor; la diferencia es el uso de corchetes para introducir valores. Este es un ejemplo:

Ejemplo 16 - Lista de introducción

1lista [1,2,3]

En este ejemplo, la lista de variables obtiene tres valores: 1, 2 y 3. El primer valor está en la lista [0], el valor de la lista 2 [1] y el valor 3 en la lista [2].

También puede establecer una lista vacía. En este caso, la lista no recibirá ningún valor. Vea el ejemplo siguiente:

Ejemplo 17 - Lista vacía

1lista []

Para agregar valores a una lista vacía, debe utilizar el comando append, pasando el valor entre paréntesis:

Ejemplo 18 - Añadido una lista de valores

1list.append (5)

Por lo tanto, el valor 5 comienza a ocupar la posición 0 de la lista. Otro elemento lo reemplaza cada vez que se utiliza la lista de comandos append () y el valor va a ocupar la última posición de la lista. Para eliminar un elemento de la lista puede utilizar el comando remove, al igual que el anterior:

Ejemplo 19 - Eliminación de un valor de lista

1list2.remove (5)

Por lo tanto, el elemento 5 se quita de la lista (si hay más de un elemento con el valor 5, solo se quita el primero). Este método quita un valor de la lista. Pero también puede eliminar el valor de una posición, por ejemplo, eliminar el valor de la primera lista, a través del comando:

Ejemplo 20 - Eliminación del valor de una posición en la lista

1del lista [0]

Cada vez que se agrega o quita un elemento de la lista, cambie el tamaño del mismo. Para el tamaño de la lista se utiliza el comando len ():

Ejemplo 21 – Tamaño de la lista

1   len(lista)

Este comando devuelve el número de elementos de lista y es muy útil para desplazarse por una lista con algún comando de reproducción.

1 impresión ("fruta de registro") #displays el mensaje

2 impresión ("Firmar la fruta que desea y para completar, escriba exit")

3 i - 0 - una variable obtiene 0, y servirá como contable en el bucle

4 palabras - "" #a palabra variable obtiene contenido vacío

5 frutas []

6 mientras (Word! á "Sal y sal"):

7 impresión ("Ingrese la sección Nombre de la fruta:" I) - muestra el mensaje que muestra el valor de i

8 palabras: entrada () - Leer lo que el usuario escribe y asigna la variable

9 si (Palabra "fuera"!): • Comprueba si la palabra es diferente de salir

10 fruits.append (palabra) #if es, los lugares en la lista

11 i á i + 1 - El valor de la variable i se incrementa

12 está en rango (len (Fruit)):

13 impresión ("Sección" i "->" fruta [i])

14 impresión (en lo que se muestra el mensaje de la letra de la lista de productos de la lista de productos de la página de "N"."

15 wanted_word de entrada ("Introduzca la fruta que desea buscar") #reads lectura

16 es i en el rango (len (Fruit)): - lista de desplazamientos

17 si (Search_word frutos [i]):

18 impresión ("El fruto", fruta [i] "Está en el" I) #view mensaje

La aplicación tiene como objetivo hacer un registro de frutas, organizándolas en secciones.

En la línea 5, se crea una lista vacía. La lista contendrá los nombres de la fruta que introducirá el usuario, por lo que se crea vacía.

En la línea 6, hay un comando de reproducción y una condición mientras. Por lo tanto, mientras que la palabra variable, el usuario escribirá, es diferente de "salir", el programa repetirá las líneas dentro del bucle while. Dado que la palabra variable se vacía cuando se llega al comando mientras que la primera vez, la condición es verdadera, ya que el vacío es diferente de "salir". Poco después se solicita al usuario que introduzca el nombre de la sección i de fruta.

En las líneas 9 y 10, que también pertenecen al while, hay otra condición que comprueba si la palabra que el usuario escribió es diferente de "out" ya que esta palabra no debe almacenarse. Si es diferente, el programa agrega la palabra variable al final de la lista. Por ejemplo, si una persona escribe en "Strawberry" y la lista ya contiene ["banana", "watermelon"], en este orden, la lista será: ["banana", "watermelon", "strawberry"].

La línea[11] aumenta en 1 la variable i, de modo que la impresión (línea 7), el usuario puede saber en qué sección se insertará la palabra mecanografiada por él.

En las líneas, se utiliza 24:13, y de nuevo la variable i como contable. La variable i tendrá su valor aumentado para alcanzar el tamaño de la lista. La función len (fruit) devuelve el tamaño de la lista: cuántos elementos hay en ella. Por lo tanto, el programa repetirá el número de impresión de veces correspondiente al número de elementos.

Para cada repetición, el programa muestra un mensaje indicando el número de i y el nombre de la sección de la fruta que es la lista de frutas. El nombre de la lista va seguido de corchetes que contienen la variable i in. Como una lista es una variable con varios valores, no puedemostrartodos a lavez, por lo que a cada elemento de la lista se le asigna un índice, secuencialmente, a partir de 0. Por lo tanto, cada ciclo de repetición ha mostrado una palabra que fue registrada por el usuario.

La aplicación da la opción de buscar una palabra registrada (línea 15). Salta dos líneas (no n) y muestra el mensaje "Examinar productos". Poco después, solicita al usuario que escriba la palabra que desea buscar.

En línea 16 ejecuta toda la lista para ir y luego i variable, que van desde 0 al tamaño total de la lista dada por la función len (fruta). Dentro de este bucle, hay una instrucción if (línea 17) que comprueba si el valor de la variable search_word, que fue informada por el usuario correspondiente a la palabra que aparece en el índice i. Si se cumple la condición si se le informa el nombre de la fruta y su posición dentro de la lista (línea 18). Como todavía se debe repetir incluso si se encuentra la palabra, el searched_word se repite en la lista, y se enumerará antes.

Capítulo Cinco

El pyGame

Pygame

El desarrollo de juegos electrónicos es similar al desarrollo de programas conjuntos. Pero los juegos tienen ciertas características que necesitan ser abordadas por el desarrollador, tales como imágenes, animaciones, sonidos, protuberancias, entre otros. Además, otra diferencia de un programa conjunto es que se realizan continuamente, por lo general tienen un bucle principal de repetición que se repite sin la necesidad de que el usuario interfiera con el programa.

Una parte delicada que hay que programar son los gráficos: es necesario colocar imágenes y hacer que se muevan. Cuando se trata del movimiento de múltiples imágenes, puede haber un conflicto entre ellas. Cuando hay un conflicto entre personajes u obstáculos, es necesario identificarlos y establecer el impacto que genera en el juego. Para facilitar el procesamiento de los gráficos de los juegos, hay muchos entornos de programación específicos. Algunos se llaman motor (o motores de juego), que abstrae la programación de la parte gráfica del juego y ofrecen diversas funciones como la identificación de colisiones, entre otras.

Para Python, tenemos una biblioteca llamada pygame desarrollada específicamente para ayudar en el desarrollo de juegos. Entre sus principales características se encuentra el soporte para fuentes, imágenes, sonidos, sprites, detección de colisiones, eventos, etc. Por lo tanto, la biblioteca tiene varios comandos preprogramados para ser utilizados, lo que hace que el desarrollo sea más rápido y fácil.

Instalación de PyGame

Para utilizar la biblioteca pygame, primero debe instalar la versión compatible de Python. En el momento en que la última versión que soporta la biblioteca es 2.7.8, que se puede descargar athttps://www.python.org/downloads/release

/ Python-278 /. La instalación en Windows se realiza de la misma manera que la otra versión, descrita en el capítulo anterior.

Después de instalar Python 2.7.8, debes instalar la biblioteca pygame, disponible en http://pygame.org/ftp / pygame-1.9.1.win32-py2.7.msi. La instalación para Windows se realiza de esta manera:

1. Abra el archivo descargado y haga clic en Ejecutar, como se muestra en

2. Para elegir qué usuarios instalarán y haga clic en Siguiente.

3. Seleccione dónde desea instalar y haga clic en Siguiente,

4. Haga clic en Finalizar.

Pantalla

Lo primero que tenemos que configurar para comenzar la producción de un juego es la pantalla. Pueden introducir los gráficos del juego con el que el jugador puede interactuar y ver la salida de los datos del programa. Una pantalla tiene dos dimensiones: horizontal y vertical. Para empezar a escribir un juego en pygame es necesario informar a estos dos valores. En el ejemplo siguiente, se muestra cómo iniciar una pantalla en pygame.

Ejemplo 22 - Pantalla

1import pygame, sys

2de pygame.locals importación *

3pygame.init ()

4 pantallas pygame.display.set_mode ([600, 400])

5Continuar á verdadero

6mientras continúe, verdadero:

7pygame.display.update ()

8pygame.quit ()

Las dos primeras líneas importan las bibliotecas pygame, sys y pygame.locals, que contienen varias constantes y funciones que serán ampliamente utilizadas en los juegos.

Después de eso, comenzamos con el comando pygame pygame.init () y creamos una variable llamada pantalla, el tipo de pantalla, obtiene pygame.display. Este comando tiene la función de crear instancias de una nueva ventana o pantalla. Este objeto tiene un método, es decir, una función que gastamos algunos valores para cambiar algunas de sus propiedades. El método se set_mode () y entre corchetes, los valores pasados [600.400], que corresponden a la anchura y altura de la pantalla, respectivamente; si se pasan valores diferentes, se cambia el tamaño de la ventana.

A continuación, creamos una variable llamada continue asignando el valor True (true). Los juegos de pygame tienen un bucle principal y se repiten, y mientras está activo, el juego todavía se está ejecutando. Nuestro empate es un comando While que se ejecuta mientras la variable continúa. Mientras que a continuación, tenemos un comando que le pertenece, pygame.display.update (), cuya función es actualizar las imágenes en pantalla.

Cuando el programa salga While se repite el bucle (cuando la variable continúa es false), llega al comando pygame.quit (), terminando el juego. Sin embargo, la configuración, la variable continúa, no se cambia dentro de While; por lo tanto, pygame.quit () instrucción no se ejecuta, por lo que incluso si al hacer clic en el botón de cierre de la ventana, el juego no terminará. Para cerrar, haz clic en el botón Cerrar el pygame, Shell.

Una pantalla debe tener la opción de cerrar, pero genera una sensación incómoda para el usuario. Haga clic en la opción para cerrar la ventana es lo que llamamos el evento. El concepto de evento se explicará más adelante, por ahora, vamos a establecer la reacción al evento para cerrar la ventana de la aplicación. El programa con este cambio tiene este aspecto:

Ejemplo 23 - Pantalla con un evento Exit

1 pygame de importación, sys

2 de pygame.locals import *

3 pygame.init () #start módulo pygame

4 pantallas pygame.display.set_mode á ([600, 400]) #define tamaño de la ventana

5 continuar - true - Variable que controla la repetición del flujo

6 mientras continúa s true: • Repetir bucle

7 es un evento en pygame.event.get (): #capture todos los eventos

8 si event.type es pygame. QUIT: #check si el evento cierra el programa

9 continuar - falso

10 pygame.display.update () #updates pantalla

11 pygame.quit () #ends el juego

El programa es el mismo que se muestra arriba, pero permite al usuario cerrar la pantalla. La diferencia radica en las líneas 7, 8 y 9, mientras que en el interior:

En la línea 7, tenemos un comando de repetición que se ejecuta a través de todos los eventos pygame que tienen lugar en este momento, con el comando pygame.event.get (). La variable de evento recibe todos estos eventos, uno a la vez. En la línea 8, con la instrucción if, se compara el evento: si el juego. Tipo QUIT (que detecta que el usuario ha haciendo clic en el botón Cerrar de la pantalla) y, a continuación, ejecuta la línea continue (Si continúa recibiendo false). Con la variable continue avalando False, el programa sale del bucle While y desciende al comando pygame.quit (), que finaliza el juego.

Colores

En los programas mencionados anteriormente, sólo tenemos una ventana negra emergente. Un juego por lo general trae una interfaz gráfica muy colorida. Para lograr este propósito, es necesario aprender a trabajar con colores.

Los colores están en RGB (rojo, verde y azul), es decir, están formados por combinaciones de rojo, verde y azul. El tono de cada uno de estos colores oscila entre 0 y 255. El rojo se compone de (255,0,0): 255 rojo, 0 verde y 0 para azul. Al variar estos tres valores, podemos definir todos los colores posibles. El siguiente programa muestra cómo cambiar el color de la pantalla:

Ejemplo 24 - Color

1 pygame de importación, sys

2 de pygame.locals import *

3 pygame.init () #start módulo pygame

4 pantallas: pygame.display.set_mode ([600, 400]) - definir el tamaño de la ventana

5 continuar : verdadero #variable lo que controla la repetición del flujo

6 Blanco (255.255.255) #White color 7o azul (0,0,255) #blue color

8 verde (0,255,0) #green color

9 rojos (255,0,0) #Red color

10 mientras continúa s true: • Repetir bucle

11 es evento en pygame.event.get (): captura todos los eventos

12 si event.type es pygame. QUIT: #checks si el programa de cierre del evento

13 continuar - falso

14 screen.fill (Blanco) #define el color de la pantalla como blanco

15 pygame.display.update () #updates pantalla

16 pygame.quit () #ends el programa

El programa anterior es el mismo que el presentado anteriormente, pero el color de fondo de la pantalla es blanco. También inicializa algunos colores se pueden utilizar.

En las líneas 6, 7, 8 y 9, hemos creado cuatro variables como el color, a las que coloreamos los nombres. Declarar estas variables no cambian los colores de la pantalla; esto sólo ocurrirá cuando usemos dentro de los métodos que utilizan el color. Al principio, nosotros el nombre blanco, y le asignamos tres valores 255 (el valor máximo de cada color, ya que el color blanco, es la unión de todos los colores). Para otras variables (azul, verde y rojo), asignamos 255 a su posición (en RGB) y 0 para las demás.

En este programa, las líneas que cambian el color de fondo de la pantalla son 14 y 15. Los comandos de estas líneas están dentro del bucle principal. La pantalla variable tiene un método de relleno (), que debe pasarse como parámetro de color. El parámetro puede ser un tipo de color de la variable, como hicimos, screen.fill (blanco), o puede ser un valor de color: screen.fill ((255,255,255)); el resultado de ambos es el mismo. Después de informar al color de fondo, tenemos que pedir al pygame que actualice la imagen de la pantalla, que se hace con el comando pygame.display.update ().

Como ejercicio, trate de cambiar al color de fondo de otro programa para ver la diferencia. Por ejemplo, pruebe screen.fill (azul), o screen.fill (verde) o screen.fill (rojo). También puede establecer otras variables de tipo de color (cambiando los tres valores entre 0 y 255) y, a continuación, pasarlos al método screen.fill (). Encontrará la tabla de colores RGB en varios sitios de Internet.

Imágenes

Trabajar con color hace que el juego sea visualmente más agradable, pero el juego necesita más gráficos, como imágenes. El juego de la biblioteca permite subir imágenes y ponerlas en el juego. Tome la imagen de una bola en formato PNG con dimensiones más pequeñas que la pantalla (para ajustarla suavemente) y colóquela en la misma carpeta que contiene el programa. Este archivo debe obtener el nombre bola.png. El siguiente código utiliza esta imagen en el juego:

Ejemplo 25 - Imágenes

1 pygame de importación, sys

2 de pygame.locals import *

3 pygame.init () módulo pygame #start

4 pantallas pygame.display.set_mode á ([600, 400]) - definir el tamaño de la ventana

5 continuar - true - Variable que controla el bucle de repetición

6 en blanco (255,255,255) #White color

7 pygame.image.load image á ("Ball.png") - carga la imagen

8 posiciones (100.100) #coordinated

9 mientras continúa s true: • Repetir bucle

10 es evento en pygame.event.get (): captura todos los eventos

11 si event.type es pygame. QUIT: #checks si el evento se cierra

12 continuar - falso

13 screen.fill (Blanco) #paint la pantalla con color blanco

14 screen.blit (posición de imagen) #places la imagen de la pantalla

15 pygame.display.update () #updates pantalla

16 pygame.quit () #ends el programa

Este programa carga el archivo con la imagen bola.png. Es importante poner el nombre del archivo correctamente, pero el programa no lo encuentra. Esta imagen se coloca en posición (100.100) y el fondo blanco.

En estos 6, 7:08 comenzó la parte gráfica del juego. En primer lugar, creamos una variable de tipo de llamada blanca de color que se utilizará como fondo. En la siguiente línea, creamos una imagen de tipo variable, y la imagen con el nombre que recibirá la imagen deseada, llevada por el comando pygame.image.load (). Dentro de los paréntesis se informó del nombre del archivo de imagen entre comillas. Si el archivo está en otro directorio, informe a la ruta de acceso (ruta) y al nombre de archivo en una sola cadena.

Para determinar dónde colocar la imagen en la pantalla creará una variable denominada posición, que contiene dos coordenadas, la primera horizontal y la segunda vertical? El punto (0, 0) está en la esquina superior izquierda de la pantalla; A medida que la horizontal aumenta a medida que el punto se mueve hacia la derecha, la extensión vertical aumenta a medida que el punto se mueve hacia abajo. Por lo tanto, el punto (100.100) es 100 píxeles, 100 píxeles a la derecha y debajo de la esquina superior izquierda de la pantalla.

Hasta ahora, sin embargo, sólo inicializan variables; todavía no forman parte del bucle principal. Para insertar la imagen en la pantalla, utilice las líneas 13, 14 y 15.

La línea 13 define el fondo: el comando screen.fill (blanco) es responsable de esto. Es importante poner en la primera pantalla el fondo y luego la imagen; de lo contrario, la imagen será invisible bajo el fondo. En la línea 14, el comando screen.blit () monta la imagen que se va a colocar en la pantalla. Tiene dos parámetros a ser informados: la imagen a cargar y la posición donde se debe colocar.

Como llevamos la imagen en la imagen variable y establecemos la posición en la variable de posición, pasamos estas dos variables como parámetros: screen.blit (posición de la imagen). Para el color de fondo y la imagen que se muestra, actualizamos la pantalla con el comando pygame.display.update ().

También podemos poner una imagen como fondo en lugar de un solo color. El código siguiente ilustra esto.

Ejemplo 26 – Antecedentes

1 pygame de importación, sys

2 de pygame.locals import *

3 pygame.init () #start módulo pygame

4 pantallas: pygame.display.set_mode ([600, 400]) #define tamaño de la ventana

5 Continuar: controles de #variable verdaderos Repetir flujo

6 Fondo : pygame.image.load ("Fundo.jpg") - carga la imagen de fondo

7 pygame.image.load image á ("Ball.png") #loads la imagen de la bola

8 fund_position (0,0) #coordinated imagen de fondo

Bola de #coordinated de 9 position_image (100.100)

10 mientras continúa s true: • Repetir bucle

11 es evento en pygame.event.get (): captura todos los eventos

12 si event.type es pygame. QUIT: #check si el evento de salida

13 continuar - falso

14 screen.blit (backdrop_fund, position_fund) #put la imagen en segundo plano en la pantalla

15 screen.blit (imagen, position_image) #put la imagen de la bola en la pantalla

16 pygame.display.update () #updates pantalla

17 pygame.quit () #ends el programa

En este programa reemplazamos el fondo blanco de una imagen. Es deseable que la imagen de fondo tenga las mismas dimensiones que la pantalla. El programa se hace de la misma manera que el anterior:

Llevamos las imágenes en dos variables y definimos las posiciones que deben ocupar la pantalla. ¿Cómo son dos imágenes, necesitamos dos ubicaciones. El primero es el fondo (línea 8), que debe comenzar en el punto (0,0) para cubrir toda la pantalla, como en cualquier otro punto, parte de la pantalla estará sin imagen. Luego ponemos la pelota en el punto de imagen (100.100).

Configuramos la imagen del primer fondo (línea 14), luego establecemos la segunda imagen (línea 15) para que la imagen de fondo no se quede ciega. Para mostrar la imagen en la pantalla, actualice la pantalla (línea 16).

Texto

Además de colores e imágenes, muchos juegos cuentan con mensajes de texto a los usuarios. Pueden dar instrucciones, mostrar algún estado del juego o informar cuando usted gana o pierde. Veamos un ejemplo con el siguiente código:

Ejemplo 27 - Texto

1 pygame de importación, sys

2 de pygame.locals import *

3 pygame.init () #start módulo pygame

4 pantallas pygame.display.set_mode á ([600, 400]) #define tamaño de la ventana

5 continuar - true - Variable que controla la repetición del flujo

6 en blanco (255,255,255) #White color 7 - azul (0,0,255) #blue color

8 pygame.font.Font source á ("Freesansbold.ttf", 20) #define tipo y tamaño de fuente

9 text á font.render ("Hola, bienvenido a Pygame", True, blue) #text y color de fuente

10 posiciones á (100.100) - Posición de texto

11 mientras continúa es |true: • Repetir bucle

12 es evento en pygame.event.get (): captura todos los eventos

13 si event.type es pygame. QUIT: #checks si el evento se cierra

14 continuar - false

15 screen.fill (Blanco) #paint la pantalla con color blanco

16 screen.blit (texto, posición) #puto texto en la pantalla

17 pygame.display.update () #updates pantalla

18 pygame.quit () #ends el programa

Este programa muestra el mensaje "Hola, bienvenido a pygame" en la pantalla. Debe establecer la fuente, el tamaño y el color de la letra, además de la posición del texto en la pantalla.

Con el comando pygame.font.Font () en la línea 8, definimos una variable de tipo font y el nombre de fuente, pasando como parámetros el nombre y el tamaño de fuente; utilizamos la fuente freesanbold con la talla 20. Después de eso, usamos el comando render () en la línea 9, para editar el mensaje; este método tiene tres parámetros: el primero es el mensaje que se debe pasar entre comillas; el segundo debe dejarse en True de forma predeterminada; el tercero es el color de fuente. El texto debe posicionarse en la pantalla y, a continuación, establecer una variable para colocarlo en la línea 10.

En el bucle de la repetición principal: establece el color de fondo en blanco, luego configuramos la imagen de texto colocándola en su lugar establecida en el método blit () en la línea 16, y finalmente, pedir al pygame actualizar la pantalla por comando pygame. display.update ().

Eventos

Un juego consiste en gráficos y lógica de programación, pero su característica principal es la interacción constante con el usuario. Una animación o una película, sólo la persona que acompaña el contenido, pero todo ya está configurado y no se puede modificar. En el juego, usted tiene la oportunidad de interferir de varias maneras, tomar decisiones, y cambiar las rutas y el resultado. Es el jugador quien establece el tempo, y es parte de la historia del juego. Lo que determina la interacción del usuario son los eventos.

Un evento es una acción que el jugador realiza durante el juego, por ejemplo, un clic del ratón. Los eventos principales tienen un teclado y un ratón. Los eventos del ratón suelen hacer clic en los botones o cambiar la posición del puntero en la pantalla, a menudo se utiliza en los juegos para golpear a cualquier objetivo con la ayuda de una cruz. Los eventos del teclado se desencadenan al pulsar o al soltar cualquier tecla; como un teclado tiene varias teclas se pueden programar muchas acciones diferentes porque el evento detectado para cada botón puede proporcionar una acción diferente.

Haga clic en el ratón

Normalmente, el ratón tiene tres botones: izquierda, centro (desplazamiento) y la derecha. El código siguiente captura el evento click de los botones:

Ejemplo 28 - Clic del ratón

1 pygame de importación, sys

2 de pygame.locals import *

3 pygame.init () #start módulo pygame

4 pantallas: pygame.display.set_mode ([600, 400]) #define tamaño de la ventana

5 continuar : verdadero #variable lo que controla la repetición del flujo

6 blancos (255.255.255) #White color

7 verde (0,255,0) #green color 8 á azul (0,0,255) #blue color

9 naranjas (255.127,0) #Orange color

10 colores: blanco #define color inicial

11 mientras continúa en true: . . en repetición

12 si pygame.mouse.get_pressed () [0] á true: • Botón izquierdo

13 colores - color verde #change paraverde

14 si pygame.mouse.get_pressed () [1] á true: • Botón central

15 colores - azul #change color a azul

16 si pygame.mouse.get_pressed () [2] á true: • Botón derecho

17 - Color naranja color naranja para #change

18 es evento en pygame.event.get (): captura todos los eventos

19 si event.type es pygame. QUIT: #check si el evento de salida

20 continuar - falso

21 screen.fill (color) #paint la variable de color de la pantalla

22 pygame.display.update () #updates pantalla

23 pygame.quit () #ends el programa

Este programa comienza con fondo blanco; si el usuario hace clic en el botón izquierdo del ratón, la pantalla se vuelve verde; si el botón central para cambiar el color a azul; si es correcto, cambia a naranja.

Al principio, inicializamos las variables de tipo color: blanco, azul, verde y naranja. Después de eso, cree otra variable, el nombre del color, que inicialmente recibe el blanco. Según los clics del usuario, esta variable cambiará su valor, recibiendo los otros colores.

El comando responsable de capturar eventos del mouse es pygame.mouse.get_pressed (). Este comando devuelve una respuesta con tres valores booleanos (true o false). Si se presiona el botón izquierdo, la respuesta es (True, False, False), que es true para el primer valor y false para los dos restantes.

Para saber si se hace clic en un botón en particular, utilice el comando de la siguiente manera: pygame.mouse.get_pressed () [n]; entre corchetes poner el número de botón, queremos saber si se hizo clic: 0: Izquierda, 1: 2 y medio: Derecha.

En lo anterior, dentro del bucle principal tienen tres comandos preguntando si se ha hecho clic en ese botón: era la izquierda (línea 12), a la variable de color se le asigna el valor de verde (línea 13); era el medio (línea 14), el valor es azul (línea 15); era la derecha (línea 16), el valor es naranja (línea 17).

En la línea 21, el color de la pantalla se actualiza al valor actual del color variable y la línea 22 implementa estos cambios.

Posición del ratón del evento

Otro evento importante es la posición del ratón. Con él, podemos identificar dónde está el jugador con el ratón en la pantalla. El juego puede tener áreas en las que puedes hacer clic y áreas donde no puedes. También existe la posibilidad de mover el personaje con el ratón.

El comando para capturar la posición del ratón en la pantalla es pygame.mouse.get_pos (). El código siguiente muestra un ejemplo:

Ejemplo 29 - Posición del ratón

1 pygame de importación, sys

2 de pygame.locals import *

3 pygame.init () #start módulo pygame

4 pantallas: pygame.display.set_mode ([600, 400]) - definir el tamaño de la ventana

5 Continuar: verdadero #variable qué flujo de control de repetición

6 en blanco (255,255,255) #White color

7 verde (0,255,0) #green color 8 á azul (0,0,255) #blue color

9 colores: #cor blanco comienza con blanco

10 mientras continúa en true: . . en repetición

11 position_mouse pygame.mouse.get_pos () #handles posición del ratón

12 si (Position_mouse [0] < 300): #checks posición del ratón

13 colores : azul #change color azul a azul

14 si (Position_mouse [0]> 300): #checks posición del ratón

15 colores - color verde #change para el verde

16 es evento en pygame.event.get (): #capture todos los eventos

17 si event.type es pygame. QUIT: #checks si el evento se cierra

18 continuar - falso

19 screen.fill (color) #paint la pantalla en un color determinado

20 pygame.display.update () #updates pantalla

21 pygame.quit () #ends el programa

En este programa, cuando el ratón está a la izquierda de la pantalla, el fondo es azul; cuando nos movemos al otro lado para cambiar de color a verde. Primero, definimos los colores blanco, verde y azul poco después de insertar una variable llamada color y le asignamos el valor de blanco.

O commandat line11 pygame.mouse.get_pos () devuelve la posición del ratón dos coordenadas: horizontal y vertical. Por lo tanto, insertamos una variable position_mouse llamada para obtener esas coordenadas. Esta variable es una matriz de dos posiciones. Para acceder a la posición horizontal del ratón, utilice position_mouse [0] para acceder y utilizar la posición vertical position_mouse [1].

En la línea 12, tenemos una condición: si la posición horizontal del ratón (position_mouse [0]) es menor o igual a trescientos recibe el color de fondo azul (línea 13). Cómo establecer el ancho de pantalla de 600 píxeles en la pantalla pygame.display.set_mode línea de la línea de la pantalla ([600, 400]), toda la posición inferior 300 es parte de la mitad izquierda de la pantalla. Del mismo modo, cuando la posición del ratón es mayor que 300 (línea 14), la mitad derecha de la pantalla, el color de fondo será verde (línea 15). Al final del programa, establecemos el color de fondo con el comando screen.fill () y actualizamos la pantalla con pygame.display.update ().

Capítulo Seis

El juego del ratón

Ahora hacemos un ejemplo completo, desarrollando un juego con el nombre de Mouse Game. Su objetivo es mover la pelota por un camino sin tocar los lados. En primer lugar, tenemos que dibujar el fondo con la forma en que el jugador debe ir.

Consiste en un rectángulo blanco en el lado izquierdo de la pantalla formado por cuatro puntos cuyas coordenadas son (0,0), (100,0), (0,600) y (100.600). El camino a seguir se compone de tres rectángulos grises. El primero está formado por los puntos (100, 425), (400, 425), (100, 500) y (400, 500); en segundo lugar, los puntos (325, 425), (400, 425), (325, 175) y (400, 175); en tercer lugar, los puntos (325, 175), (500, 175), (325, 100) y (500, 175).

A su llegada hay un rectángulo verde formado por los puntos (500, 100), (600, 100), (500, 175) y (600, 175); dentro de ese rectángulo está escrito la palabra "Llegada" en naranja; cuando el jugador alcanza este rectángulo, gana el juego. El resto de la imagen está en color naranja; si el jugador toca la región, pierde. Esta imagen se puede dibujar con una aplicación de edición de imágenes. Guarde el dibujo con el nombre pista.jpg.

Después de dibujar el fondo, tenemos que recoger la imagen de una pelota en Internet o dibujar un. Es importante cambiar el tamaño al tamaño 50 por 50 píxeles, para el ancho de la carretera es de 75 píxeles, por lo tanto pasar la bola el camino.

No se vuelve ni demasiado difícil ni demasiado fácil. La siguiente figura muestra una bola, por ejemplo, que usamos en nuestro proyecto. Grabe la imagen con el nombre bola.png.

Estas dos imágenes deben estar en la misma carpeta que el archivo del juego, para facilitar la carga de imágenes.

El código del juego es el siguiente:

The Mouse Game

1 pygame de importación, sys - Importación de bibliotecas

2 de pygame.locals import *

3 pygame.init () módulo pygame #start

4 - azul (0,0,255) #start una variable con el color azul

5 pygame.display.set_mode pantalla ((800,600)) #define las dimensiones de la pantalla

6 pygame.font.Font source á ("Freesansbold.ttf" 20) #define la fuente que se va a utilizar

7 texto: source.render ("Llegar al final sin tocar la región naranja!", Verdadero, azul)

8 carriles pygame.image.load ('Track.jpg') #load la imagen de la pista

9 Ball pygame.image.load ('Ball.png') #loads la imagen de la bola

10 continuar - true - Variable que controla el primer bucle de repetición

11 result_view - True - Variable que controla el segundo bucle de repetición

12 mientras continúa s true: • Repetir bucle

13 screen.blit (pista, (0,0)) #put la pista de la imagen de la pantalla

14 screen.blit (texto, (100.0)) #put texto con las instrucciones en pantalla

15 pygame.mouse.get_pos posición () #handles posición del ratón

16 position_horizontal - Posición [0] #receives posición horizontal del ratón

17 position_vertical - Posición [1] #receives posición vertical del ratón

18 screen.blit (bola (posición position_horizontal_vertical)) #put la pelota en la pantalla, la posición del ratón

19 si (Position_horizontal> 500 y position_horizontal <- 600 y

20 position_vertical> 100 y position_vertical <-175): #check es el final de la pista

21 result_text "¡Felicidades, ganaste!" #inform la que ganó el jugador

22 continuar - falso

23 elif (Position_horizontal <a 50o

24 (Position_horizontal> 100-50 y position_horizontal <- 400-50 y

25 position_vertical> 425 y position_vertical <o 500 - 50) o

26 (Position_horizontal> 325 y position_horizontal <- 400-50 y

27 position_vertical> 175-50 y position_vertical <o 425) o

28 (Position_horizontal> 325 y position_horizontal <- 500 y

29 position_vertical> 100 y position_vertical <o 175-50)): #check si la pelota está dentro de la ruta o el rango permisible

30 continuar : verdadero #the bucle continúa ejecutándose

31 más: #the bola está fuera del rango permitido, es decir, en la región naranja

32 result_text "Has perdido" #inform el jugador que perdió

33 continuar - falso

34 está en el evento pygame.event.get (): #capture todos los eventos

35 si event.type á QUIT: #check si el evento de salida

36 continuar - False #the bucle principal no funcionará más

37 result_view- falso #the programa no ejecuta el segundo bucle

38 pygame.display.update () #updates pantalla

39 mientras que result_view á true: #second bucle de repetición

40 text2 - font.render (result_text, azul verdadero) #mounts texto que le dice cuál fue el resultado del reproductor

41 screen.blit (Text2, (100,100)) #put el texto con el resultado en la pantalla

42 es evento en pygame.event.get (): captura todos los eventos

43 si Event.type á QUIT: #check si el evento de salida

44 result_view - falso #the segundo bucle de repetición ya no se ejecuta

45 pygame.display.update () #updates pantalla

46 pygame.quit () #ends el programa

En este juego, trabajamos con imágenes, texto y eventos de ratón. El programa también tiene dos bucles de repetición: el primero es el principal, en cuyo caso la acción del juego, y el segundo es mostrar el resultado del juego.

La pantalla del juego tendrá 800 píxeles de ancho y 600 de alto (línea 5) freesansbold el tamaño de fuente 20 (línea 6) se utiliza. Después de configurar el mensaje en el texto de la variable accediendo al método de representación de la fuente, pasamos el mensaje "Llegar al final sin tocar la región naranja" para guiar al jugador y establecer el color del mensaje en azul (línea 7).

La imagen con el fondo que contiene la pista se carga en la variable de carril (línea 8); la bola de la imagen de la bola se carga variable (línea 9).

La variable continúa (línea 10) controla la repetición del bucle que sucede acciones de juego; comienza a True y False hasta que la recepción del bucle principal se ejecutará. La variable display_result (línea 11) controla la repetición del segundo bucle, utilizado sólo para mostrar el resultado al jugador si perdió o ganó. Esta variable también comienza como true como cuando dejamos el bucle principal, y vamos directamente al segundo bucle.

El bucle principal, mientras que (línea 12), se ejecutará mientras la variable sigue siendo verdadera, es decir, todos los comandos a la derecha, y antes del segundo bucle while pertenece a ese bucle. En

112

las dos líneas siguientes (13 y 14), se montan las imágenes de la pista y el texto. El comando blit() coloca la imagen de pista cargada en la posición (0.0), al principio de la pantalla. Por encima del fondo, la imagen de texto se carga en la posición (100.0).

Para capturar la posición del ratón, utilice el pygame.mouse. .get_pos () y coloque la variable de posición (línea 15). Esta variable tiene dos valores: Posición horizontal [0] posición y posición vertical [1]. Creamos una variable para mantener la posición horizontal, position_horizontal (línea 16), y una para la position_vertical vertical (línea 17).

Como tenemos las ubicaciones horizontales y verticales del ratón y la imagen de la bola cargada, hemos reunido la imagen de la pelota en la pantalla (línea 18). La pelota puede ser movida por el jugador, siempre donde el ratón está en la pantalla.

El jugador puede mover la pelota, pero hay áreas de la pantalla dondenose puedetocar. Así que tenemos que establecer condiciones para el movimiento de la pelota y sus efectos en el juego. Tenemos la primera condición (líneas 19 y 20): Cuando la pelota llega a la zona verde, la llegada. Para estar allí, el ratón debe tener un mayor horizontal que 500 y menor o igual que 600, y la posición vertical debe ser mayor que 100 y menor o igual que 175 (consulte las coordenadas del rectángulo verde utilizadas en el dibujo - Figura 108).

Si el ratón está en esta área, la variable text_result recibe el texto "Felicidades !!! Usted ganó "(línea 21), y un comando muestra este mensaje en el bucle de repetición. La variable sigue siendo false (línea 22), de modo que el bucle principal del programa de salida.

Si no se cumple la primera condición, el jugador no ganó; así que tenemos que comprobar si está permitido en la habitación: el rectángulo blanco o algunos de los tres rectángulos grises. En la línea 23 se comprueba si está en el rectángulo blanco. Cada región con un eje horizontal de menos de 100 píxeles es blanca. Como la bola tiene un ancho de 50 píxeles, luego la eliminación de 50 100, tenemos 50 píxeles. Por lo tanto, la pelota puede ir a todas las áreas blancas.

Las líneas 00:25 prueban si la bola está dentro del primer rectángulo gris. Si la bola está entre 50 y 350 entre píxeles horizontalmente y 425 píxeles verticalmente y 450, entonces estará dentro del rectángulo. Cada vez que descontamos 50 píxeles, es debido al tamaño de la pelota, ya que las coordenadas de la pelota se refieren a la esquina superior izquierda de la misma.

Las líneas 26 y 27 prueban si la bola está en el segundo rectángulo gris y la línea 28 y 29 prueban si la bola está en el tercer rectángulo gris, compruebe las coordenadas citadas en todas las condiciones citadas en este elif hechas al dibujo en la Figura 108.

Satisfacer las condiciones (la pelota está en la zona blanca o algún rectángulo gris) y la variable continúa sigue siendo verdadera (línea 30): el bucle se repetirá, permitiendo continuar mover la pelota.

En las condiciones anteriores, el probado si el jugador ganó; en elif, todavía jugando. Sin embargo, no cumple con ninguno de ellos significa que tocó una región naranja. Por lo tanto, la instrucción else (línea 31) el jugador pierde el juego: mostramos el mensaje que perdió (línea 32), y la variable continúa en falso (línea 33) para sacar el bucle principal del programa.

El usuario también puede cerrar el juego antes de ganar o perder. Si hay un evento QUIT (línea 35), interrumpa el bucle principal asignando false a la variable (línea 36), y para que el programa no muestre ningún resultado en el siguiente bucle, asignamos False a la variable display_result (línea 37).

En la línea 38, se actualiza la pantalla. Si esto no se hace, las imágenes montadas (la última posición de la pelota) no se mostrarán.

En la línea 39, hay el segundo loop de repetición sólo lo ingresa después de que se detenga el primero. Repite la imagen de pantalla para que el usuario vea el resultado; sin el bucle, el programa mostraría los resultados rápidamente y se cerraría. Mientras que en el interior, se monta en la variable de resultado texto2: text_result pasó la variable al método de renderización () del origen (línea 40) porque esta variable recibió el texto "Felicidades !!! ¡Ganaste!" si el jugador llegaba a la región verde, o "Perdiste" tocara la región naranja. El texto se muestra en azul y la imagen de texto se monta en su posición (100.100).

Una vez más es necesario capturar el evento "cerrar ventana", como se hizo en el bucle anterior. Cuando el usuario cierre la ventana, defina la variable que controla el segundo bucle display_result en False (línea 44). Nopodemosseguir usando la variable, ya que entra en este bono por valor de False. También es necesario actualizar la visualización en la siguiente instrucción, ya que esto se hizo sólo en el primer tiempo.

Cuando las variables y continuar display_result son false es que se trata de la línea 46, terminando el juego. Después de correr, la puntuación será como se muestra.

Teclado de eventos

Además de los eventos del mouse, importantes también son los eventos de teclado. El ratón tiene sólo tres botones, mientras que el teclado tiene varias teclas. Una variedad de acciones que pueden dar un juego es genial. Los principales eventos del teclado son KeyDown y KeyUp: el primero se produce cuando se pulsa un botón y el segundo cuando se suelta. También podemos comprobar si la tecla está presionada. Para comprobar cuándo el usuario presiona una tecla, es necesario capturar todos los eventos con el comando pygame.event.get (), que ya se utiliza. Veamos un ejemplo con el siguiente código:

Ejemplo 30 - Tecla de pulsación de eventos

1 pygame de importación, sys

2 de pygame.locals import *

3 pygame.init () #start módulo pygame

4 pantallas: pygame.display.set_mode ([800, 600]) #define tamaño de la ventana

5 continuar : verdadero #variable lo que controla la repetición del flujo

6 en blanco (255,255,255) #White color

7 bolas: pygame.image.load ("ball.png") #load imagen

8 position_horizontal a 0

9 position_vertical a 0

10 mientras continúa s true: • Repetir bucle

11 es evento en pygame.event.get (): captura todos los eventos

12 si event.type es pygame. QUIT: #checks si el evento se cierra

13 continuar - falso

14 si event.type es pygame. KEYDOWN: #type evento: pulse la tecla

15 si event.key K_UP: #If tecla pulsada es la flecha hacia arriba

16 position_vertical a 0

17 elif event.key K_DOWN: #If tecla pulsada es la flecha hacia abajo

18 a 550 position_vertical

19 elif event.key K_RIGHT: #If tecla pulsada es la flecha derecha

20 x 750 position_horizontal

21 elif event.key K_LEFT: #if tecla pulsada es la flecha izquierda

22 position_horizontal a 0

23 screen.fill (blanco) #paint la pantalla con color blanco

24 screen.blit (bola (position_horizontal position_vertical)) #places la imagen de la pantalla

25 pygame.display.update () #updates pantalla

26 pygame.quit () #ends el programa

Este programa mueve la pelota, colocándola en las esquinas de la pantalla.

Llevamos la imagen de una bola (50 x 50 píxeles) en la línea 7. A continuación, creamos dos variables para la posición de la pelota en la pantalla (position_horizontal y position_vertical) y establecemos ambas comenzando en cero para que la imagen de la pelota comience en la parte superior izquierda de la pantalla (líneas 8 y 9).

En la línea 11, capture todos los eventos que ocurrieron. El primer evento que encontramos es si el usuario ha cambiado para cerrar la ventana del juego (líneas 12 y 13). Las líneas 14 a 22 se producen con las teclas de flecha. La línea 14 comprueba si se ha pulsado alguna tecla: si el evento es el tipo pygame. KEYDOWWN. Si es necesario identificar qué botón desencadenó este evento.

Esto se hace a través del comando event.key, que indica la clave. Los nombres de las teclas suelen tener "K_" al principio, luego su nombre en inglés. Por ejemplo, la letra "a" está representada por "K_a" la clave de espacio está representada por "K_SPACE"; la lista de todas las claves se puede encontrar en el sitio web oficial (http://www.pygame.org/docs/ref/key.html).

En el código de este juego, si una pulsación de tecla, primero verifica, en la línea 15, si la flecha hacia arriba (K_UP); si es así, asignamos 0 para position_vertical variable (línea 16), de modo que la pelota esté en la parte superior de la pantalla. Si la flecha hacia abajo (K_DOWN), la bola estará en la parte inferior de la pantalla (líneas 17 y 18): para position_vertical variable recibir 550 (este valor corresponde a la altura total de la pantalla, 600 píxeles, menos la altura de la bola, 50 píxeles).

Si la tecla es la flecha derecha (K_RIGHT), la pelota se colocará en el lado derecho de la pantalla (líneas 19 y 20): una variable position_horizontal recibir 750 (ancho de pantalla menos el ancho de la pelota). Si la tecla es flecha izquierda (K_LEFT), la variable position_horizontal recibe 0: la bola estará en el lado izquierdo de la pantalla (líneas 21 y 22).

En las líneas 23 a 26, aplicamos blanco para el color de fondo, configuramos la imagen de la bola, colocándola bajo las variables position_horizontal y position_vertical y actualizamos la pantalla para que se muestren las imágenes.

Para usar el evento key hold, el código es muy similar a este; vea el ejemplo a continuación:

Ejemplo 31 - Clave de caída de eventos

1 pygame de importación, sys

2 de pygame.locals import *

3 pygame.init () módulo pygame #start

4 pantallas: pygame.display.set_mode ([800, 600]) - definir el tamaño de la ventana

5 continuar : verdadero #variable lo que controla la repetición del flujo

6 en blanco (255,255,255) #White color

7 - azul (0.0255) #blue color

8 verde (0,255,0) #green color

9 colores : blanco #define color inicialmente como blanco

10 mientras continúa s true: • Repetir bucle

11 es evento en pygame.event.get (): captura todos los eventos

12 si event.type es pygame. QUIT: #check si el evento de salida

13 continuar - falso

14 si event.type es pygame. KEYDOWN: #If es el evento de pulsación de teclas

15 si event.key K_SPACE: #If tecla es la barra espaciadora

16 colores - azul #change color a azul

17 si event.type es pygame. KEYUP: #If es lanzar un evento clave

18 si event.key K_SPACE: #If clave es la barra espaciadora

19 colores - verde #change color verde a verde

20 screen.fill (color) #paint La pantalla en la variable de color en el tiempo

21 pygame.display.update () #updates pantalla

22 pygame.quit () #ends el programa

En este programa, cuando se presiona la tecla espaciadora (KeyDown), el fondo cambia a azul; cuando se libera, el color cambia de color a verde (KeyUp).

En primer lugar, definimos los colores que se utilizarán: blanco, azul y verde, las líneas 6 a 8. La variable de color comienza con el blanco (línea 9).

En la línea 11, capture todos los eventos que ocurrieron. El primer evento que tratamos es si el usuario ha cambiado para cerrar la ventana del juego (líneas 11-13). Las líneas 14-19 se comprueban con la tecla de espacio.

Si el evento es el tipo de tecla presionada (keyDown) y la tecla es space (K_SPACE), el color de la variable se convierte en azul (líneas 14-16).

Si el evento es el tipo que libera la clave (KeyUp) y la clave es space (K_SPACE), adjunte la variable de color verde (líneas 17-19).

El color de la variable de color se aplica a la pantalla mediante el método de relleno de fondo () y, a continuación, se actualiza a la pantalla.

Estos KeyDown y KeyUp eventos se desencadenan sólo cuando el usuario presiona o suelta una tecla. Si lo presionan y lo mantienen, el programa sólo programará la acción en el momento de pulsar el botón; si se mantiene presionada la clave, el programa no entiende cómo un nuevo evento KeyDown.

Para comprobar que se ha pulsado una tecla, utilice el comando pygame.key.get_pressed (), que le indica qué teclas se presionan. Por lo general, utilizamos una variable para recibir las pulsaciones de teclas recopiladas y preguntar si son las claves que desea. Un ejemplo de este trabajo se muestra en el siguiente código:

Ejemplo 32 - Tecla de evento presionado

1 pygame de importación, sys

2 de pygame.locals import *

3 pygame.init () #start módulo pygame

4 pantalla sygame.display.set_mode á ([800, 600]) #define tamaño de la ventana

5 continuar - true - Variable que controla la repetición del flujo

6 en blanco (255,255,255) #White color

7 bolas pygame.image.load á ("Ball.png") - subir imagen

8 position_horizontal a 0

9 position_vertical a 0

10 mientras continúa s true: • Repetir bucle

11 está en el evento pygame.event.get (): #capture todos los eventos

12 si event.type es pygame. QUIT: #check si el evento de salida

13 continuar - falso

14 pulsación de tecla pygame.key.get_pressed -) #receive abajo de la tecla

15 prensado iftecla [pygame. K_UP] - verdadero: #If la tecla es la flecha hacia arriba

16 position_vertical position_vertical-1 #decreases 1 en posición vertical

17 si pressed_key [pygame. K_DOWN] - verdadero: #If la tecla es la flecha hacia abajo

18 position_vertical + 1o position_vertical #increases 1 en posición horizontal

19 si pressed_key [pygame. K_RIGHT] - verdadero: #If la tecla es la flecha derecha

20 position_horizontal + 1position_horizontal 1 #soma posición horizontal más

21 si pressed_key [pygame. K_LEFT] - true: #If la tecla es la flecha izquierda

22 position_horizontal - position_horizontal-1 1 la posición horizontal #subtracts

23 screen.fill (Blanco) #paint la pantalla con color blanco

24 screen.blit (bola (position_horizontal posición_ icao_vertical)) #put la imagen en su posición respectiva

25 pygame.display.update () #updates pantalla

26 pygame.quit () #ends el programa

En este programa podemos mover la imagen de una bola en la pantalla usando las teclas de flecha.

En primer lugar, lleve la imagen de bola y defina las variables de posicionamiento (líneas 7 a 9) de la misma manera que el ejemplo 30.

En la línea 14, creamos una variable llamada pressed_key para recibir las teclas que se presionan.

En líneas, 15 a 22 en comparación con las teclas presionadas son las teclas de flecha. En la línea 15, se juzga si se presiona la flecha hacia arriba K_UP; devolver TRUE si la variable se reduce position_vertical 1 (línea 16); por lo que la imagen se elevará si se presiona la flecha hacia abajo K_DOWN (línea 17) incrementar el position_vertical a 1 (línea 18), causando la imagen de desplazamiento. Aplicar el mismo procedimiento para aumentar position_horizontal variable con la flecha derecha K_RIGHT (líneas 19 y 20) y disminuirla con la flecha izquierda K_LEFT (líneas 21 a 22) para mover la pelota a la derecha y a la izquierda.

Capítulo Siete

El QUIZ PyGame

El programa que se muestra a continuación que ejemplifica el evento del teclado es un juego de preguntas y respuestas, también utilizando varias fuentes de fondos. Consulte el código:

Set 2 - Pygame Quiz

1 pygame de importación, sys

2 de pygame.locals import *

3 módulo pygame.init () pygame #starts

4o azul (0,0255) #color azul

5 color en blanco (255.255.255 #White)

6 pygame.display.set_mode pantalla ((800,600)) #define tamaño de la ventana

7 pygame.font.Font source á ("Freesansbold.ttf" 15) #define fuente que se utilizará

8 instrucciones : "Pygame Quiz: Pulse la letra de la respuesta correcta" #instruction

9 subpregunta1 - "¿Cuál es la capital de EE.UU.? a) Washington DC) b) Newyork c) San Jose d) y New jersey)" #first pregunta

10 subpregunta2 - "¿Cuál es la capital de Francia? a) Londres b) París c) Tokio d) y Madrid) Lisboa" #second pregunta

11 subpregunta3 - "¿Cuál es la capital de China? a) Shanghai) b) Nueva York c) Berlín) d) y Beijing)" #third pregunta

12 resultado : "" #inform resultado de la información (inicios vacíos)

13 preguntas [Subquestion1, subquestion2, subquestion3] #list que contiene preguntas

14 respuestas [Pygame.K_a, pygame. K_b, juego de pípenos. K_d] #list que contiene las claves de las respuestas a las preguntas

15 question_number - 0 - Variable que controla qué pregunta aparece

16 continuar - true - Variable que controla la repetición del flujo

17 result_view - false - Control de la segunda repetición de flujo variable

18 mientras continúa s true: • Repetir bucle

19 screen.fill (Blanco) #paint la pantalla con color blanco

20 start_text - source.render (instrucción, True, blue) #define texto de la declaración

21 screen.blit (start_text, (50,50)) #show texto con las instrucciones en pantalla

22 texto: source.render (preguntas [number_question] Verdadero, azul) #define qué lista de preguntas se muestra y el formulario de texto

23 screen.blit (texto, (0.100)) #show la pregunta en la pantalla

24 está en el evento pygame.event.get (): #capture todos los eventos

25 si event.type á QUIT: #check si el evento de salida

26 continuar - falso - Ya no se realiza el primer bucle de repetición

27 result_view - false - Ya no se realiza el segundo bucle

28 si event.type es pygame. KEYDOWN: #check si la tecla de evento pulsa

29 si event.key [question_number] responde: #Checks si la tecla pulsada es la respuesta a la pregunta

30 si question_number <2: #If no es la última lista de preguntas

31 x 1 + question_number #pass a la siguiente pregunta

32 más: #If es la última lista de preguntas

33 continuar - false - Detiene la ejecución del primer bucle

34 display_result - verdadero #enable segundo bucle

35 resultado: "¡Felicidades que ganaste!" #message resultado

36 más: #If la tecla pulsada no es la respuesta correcta

37 continuar - falso #to realizar el primer bucle

38 display_result - verdadero #enable segundo bucle

39 resultado: "¡Responde mal, perdiste!" #message resultado

40 pygame.display.update () #updates pantalla

41 mientras result_view true: #Second bucle de repetición

42 está en pygame.event.get () evento: #capture todos los eventos

43 si event.type á QUIT: #check si el evento de salida

44 result_view - false - Ya no se realiza el bucle

45 texto: font.render (resultado, Verdadero, azul) #mounts texto con el resultado

46 screen.blit (texto, (100.200)) #views texto en la pantalla

47 pygame.display.update () #updates pantalla

48 pygame.quit () #ends el programa

En este juego se presentan preguntas de países y capitales. Hay tres preguntas en secuencia; si te pierdes, pierdes; si golpeas todas las victorias. Tienen tres opciones, letras a, b, c: el jugador debe presionar una de ellas en el teclado.

En las líneas 8-11, los textos están configurados para ser utilizados: la instrucción al jugador y las tres preguntas con sus posibles respuestas. Variables: subquestion1, subquestion2 y subquestion3 forman una lista (o matriz) más adelante. La variable de resultado (línea 12) se utilizará para mostrar texto que indica si ha ganado o perdido; al principio, se pone "vacía".

A medida que los juegos se ejecutan en los lazos de repetición, el trabajo con listas es ventajoso. Por lo tanto, según la acción, sólo necesita cambiar el índice de lista en lugar de cambiar las variables. Para las preguntas se inserta en una lista llamada preguntas (línea

13), que reunirá las variables de las tres preguntas, de forma similar, una lista de las respuestas al nombre de la clave insertada en las respuestas correctas (línea 14). La primera respuesta a la pregunta es el primer elemento de las respuestas de la lista, y así sucesivamente. Una lista necesita un índice, ya que se crea query_number variable; la primera posición de una lista a cero, por lo que query_number se inicializa en 0 (línea 15).

Repitiendo el bucle principal (línea 18), el texto se monta en las instrucciones initial_text variable (línea 20) utilizando el origen (que se define en la línea 7) azul. En la línea 21, este texto se dibujará en la pantalla a la 50.50). Se hace lo mismo para que la primera pregunta se ensamble con la pregunta de texto variable que se va a hacer y se utiliza la misma fuente y el mismo color (líneas 22 y 23). La pregunta, eliminada de la pregunta de lista de variables, es la primera porque el índice (el número variable_question) vale 0.

La línea 28 comprueba la aparición de la pulsación de eventos de una tecla (KeyDown), si hay una línea 29 compara la tecla (event.key) presionada con la lista de respuestas; si el mismo índice al que apunta question_number, también debe comprobar si es la última pregunta (línea 30). Como el tercer índice de pregunta es 2, question_number es menor que 2 (no la última pregunta), el programa agrega 1 a la variable question_number (línea 31); con esto, la siguiente iteración vendrá la siguiente pregunta de la lista.

Si el índice es igual a question_number 2 (en sí), es la última pregunta y ya puede mostrar el resultado de la coincidencia (línea 32): la variable continúa recibiendo false (línea 33) para salir del bucle principal; la variable display_result recibir true (línea 34) para entrar en el segundo bucle, y el resultado de la variable obtiene "Felicidades! Usted ganó" (línea 35). Si la tecla presionada (event.key) no coincide con la respuesta correcta (línea 36), la variable continúa recibiendo false (línea 37) fuera del bucle principal; la variable display_result recibe true para entrar en el segundo bucle (línea 38), y el resultado de la variable obtiene "Respuesta incorrecta, que perdió" (línea 39).

En las líneas 41 a 47 está el segundo bucle de repetición, que muestra el resultado del juego para cerrar el programa. Hemos visto un estiramiento similar en programas anteriores. Funciona como la variable display_result es true. La frase del resultado de la variable (que indica si ha ganado o perdido) se representa en azul y se asigna al texto de la variable (línea 45), que se monta en la posición (100.200) de la pantalla (línea 46).

Función de tiempo y animación

Hasta ahora, el programa repetir bucle indefinidamente realizado varias veces por segundo. Pero no ejercitamos ningún control sobre él. Esto significa que la velocidad de un objeto puede variar de un ordenador a uno, según el hardware que ejecuta el programa.

El pygame te permite controlar la cantidad de tiempo que el programa ejecuta por segundo. Debe establecer una variable para controlar la hora (por ejemplo, variable_of_time), y deben obtener el comando pygame.time.Clock (). El tick de método () de esta variable define el número de veces que el programa debe realizar por segundo, por ejemplo, variable_of_time.tick (30).

Vea el ejemplo siguiente:

Ejemplo 33 - Tiempo

1 pygame de importación, sys

2 de pygame.locals import *

3 módulo pygame.init () pygame #starts

129

4 pantalla sygame.display.set_mode á ([800, 600]) #define tamaño de la ventana

5 continuar - true - Variable que controla la repetición del flujo

6 en blanco (255,255,255) #White color

7 bolas pygame.image.load á ("Ball.png") - imagen de riego del coche

8 horizontal_position a 0

9 vertical_position a 0

10 horizontal_ movimiento 1 - Dirección de movimiento

11 pygame.time.Clock á reloj () #control hora

12 mientras continúa s true: • Repetir bucle

13 está en el evento pygame.event.get (): #capture todos los eventos

14 si event.type es pygame. QUIT: #check si el evento de salida

15 continuar - falso

16 si horizontal_position> 750: posición horizontal #checks

17 horizontal_ movimiento -1 #value la dirección

18 elif horizontal_position <- 0: posición horizontal #checks

19 horizontal_ movimiento : 1 dirección #value

20 horizontal_position horizontal_position + 1 horizontal_position #soma la dirección horizontal con el valor de

21 screen.fill (Blanco) #paint la pantalla con color blanco

22 screen.blit (bola (horizontal_position, vertical_position)) - poner la imagen en la pantalla en la posición actual

23 pygame.display.update () #updates pantalla

24 watch.tick (30) #define el número de fotogramas por segundo

25 pygame.quit () #ends el programa

Este programa mueve una pelota de una esquina a la otra, moviendo un píxel a la vez, haciéndolo treinta veces por segundo.

Esta bola está cargada, y se crean dos variables para la posición de bola 0 para ambos recibir la pelota comienza en la esquina superior izquierda de la pantalla (carriles 7 a 9). La bola debe tener un tamaño de 50 por 50 píxeles.

En la línea 10, inserte una variable llamada para mover la bola movement_horizontal, que puede tener el valor 1 o -1. Cuando se agrega a la variable horizontal_position, moverá la pelota hacia la izquierda o la derecha. Poco después, usted inserta una llamada del reloj de la hora variable (línea 11).

Si el valor de la variable horizontal_position alcanza 750 (que es el ancho de la pantalla menor que el ancho de la bola), la variable horizontal_position obtiene -1 para la bola de vuelta a la izquierda (líneas 16 y 17). Pero si la posición de la pelota llega a cero, la variable de movimiento horizontal_ obtiene 1 para que la pelota vaya a la derecha (líneas 18 y 19). Por lo tanto, la pelota irá y viene en la pantalla sin salir de ella.

En la línea 20, la variable horizontal_position (iniciada con 0) puede aumentar o disminuir según el valor horizontal_position; esta variable horizontal_position comienza con un valor de 1 a horizontal_position comenzando a aumentar, llevando la pelota a la derecha. Cuando horizontal_position alcanza 750, la variable horizontal_position se vuelve negativa, haciendo que la pelota vuelva a la izquierda.

En la línea 24, el uso de una variable larga llamada reloj 30 y pasó a su tick de método (); repetirá el bucle principal para ejecutar30 veces por segundo. Si se aumenta este valor, puedes ver que la pelota aumenta tu velocidad en la pantalla.

Animaciones

Hasta la fecha, movemos objetos en la pantalla. Los objetos, sin embargo, no estaban animados, no eran dueños de movimientos. Las animaciones son muy comunes en los juegos, y podemos hacerlo también con pygame. Al igual que en las películas, las animaciones son la visualización de varias imágenes consecutivas en poco tiempo. El ojo humano puede ver 30 fotogramas por segundo; algunos juegos, sin embargo, utilizan 60 o más fotogramas por segundo.

Para el próximo programa, necesitaremos imágenes consecutivas.

Estas imágenes muestran el movimiento de un personaje que se ejecuta. Con un editor de imágenes, puede separar esta imagen en otros 4 (consulte la figura siguiente), cada una con un tiempo de movimiento de caracteres. Grabar con los nombres atleta1, atleta2, atleta3, atleta4.

Alternando estas imágenes rápidamente, podemos crear la impresión de que el personaje se está ejecutando. El código para esto se muestra a continuación.

Ejemplo 34 – Entretenimiento

1 pygame de importación, sys

2 de pygame.locals import *

3 módulo pygame.init () pygame #starts

4 pantalla sygame.display.set_mode á ([800, 600]) #define tamaño de la ventana

5 continuar - true - Variable que controla la repetición del flujo

6 en blanco (255,255,255) #White color

7 athlete1 pygame.image.load á ("Athlete1.png") - carga la primera imagen

8 athlete2 pygame.image.load á ("Athlete2.png") - carga la segunda imagen

9 athlete3 pygame.image.load á ("Athlete3.png") - subir tercera imagen

10 athlete4 pygame.image.load ("Athlete4.png") - carga la cuarta imagen

11 horizontal_position a 0

12 a 150 vertical_position

13 pygame.time.Clock á reloj () #control hora

14 animación [atleta1, atleta2, atleta3, atleta4] #list con cuatro imágenes

15 contador - 0 - Variable de contador

16 mientras continúa s true: • Repetir bucle

17 es evento en pygame.event.get (): captura todos los eventos

18 si event.type es pygame. QUIT: #check si el evento de salida

19 continuar - falso

20 si (horizontal_position <700): posición horizontal #checks

21 horizontal_position + 2 x 2 a la posición horizontal #growth

22 si (Contador <3): #if contador inferior 3 (última lista de índices)

23 contador + 1 x 1 al contador #growth

24 más:

25 contador: 0 #resets el contador a cero (índice de la primera lista)

26 screen.fill (Blanco) #paint pantalla blanca

27 screen.blit (Animación [contador] (horizontal_position, vertical_position)) #places la imagen del personaje en la pantalla

28 pygame.display.update () #updates pantalla

29 watch.tick (30) #define el número de fotogramas por segundo (fps)

30 pygame.quit () #ends el programa

En este programa, el carácter O camina por la pantalla horizontalmente hasta el punto 700.

4 se cargan la ejecución consecutiva de las imágenes de caracteres, en cuatro variables diferentes (líneas 7 a 10).

Definimos la posición horizontal 0 (línea 11) para iniciar el carácter en el lado izquierdo de la pantalla, y la posición vertical 150 (línea 12). Empezó también llamado reloj de tiempo variable (línea 13).

Definimos una matriz (o lista), que recibe las cuatro imágenes (línea 14). Cada imagen corresponde a una posición vectorial; el primero está en la posición 0 y el último en la posición 3. También es un conjunto de índices (contador), que cambiará el valor de cada repetición del bucle (línea 15); este control variable qué imagen se mostrará en el momento.

Mientras que la posición del carácter es menor que 700, mueve la derecha por 2 píxeles (líneas 20 y 21).

Las líneas 22 y 25 hacen que las imágenes aparezcan alternativamente. Si la variable de contador es menor que 3, le agregamos una; De lo contrario, se restablece a 0. La variable comienza en 0 en la primera iteración cambia a 1, luego a 2, luego a 3, luego de nuevo a cero, comenzando el ciclo de nuevo. Estos números corresponden a las posiciones de las imágenes en animación vectorial.

La línea 27 monta la imagen del personaje, tomando la imagen de la lista, de acuerdo con el valor del contador. Por ejemplo, si el contador es 1, cargue una imagen de índice vectorial, que corresponde a la segunda imagen llamada "athlete2". La primera imagen corresponde al índice 0. Por lo tanto, cada vez que se monta una imagen diferente. Cuantas más imágenes consecutivas, mejor será la definición del movimiento. En la línea 29 está configurado para ejecutar el programa 30 veces por segundo.

Conclusión

El Internet de las cosas es una de las áreas más estudiadas por los entusiastas de la tecnología de la información. Así, además de estar presente en varios artículos, ha despertado el interés de varias empresas tecnológicas, como Google, Oracle, Qualcomm y Microsoft.

El concepto de IoT, como veremos a partir de ahora, es un poco amplio y, por lo tanto, difícil de resumir en una frase. En pocas palabras, IoT significa un entorno que reúne varios tipos de hardware, cosas que se comunican entre sí (M2M, o máquina a máquina) con personas (a través de pantallas LED, por ejemplo) o con otros sistemas informáticos (a través de Wi-Fi, Bluetooth, etc.). El Internet de las cosas, sin embargo, trasciende la conectividad entre sensores, motores, microcontroladores, aparatos portátiles, entre otras opciones, y su objetivo principal es elevar el nivel de comunicación entre dispositivos y seres humanos convirtiendo pulsos eléctricos en datos que pueden ser manejados y enviados a sistemas más grandes con una interfaz más amigable.

Según Gartner, una referencia de consultoría tecnológica, ahora tenemos alrededor de cinco mil millones de dispositivos interconectados que conforman IoT, y se espera que esa cifra salte a 25 mil millones para 2020. Con este número de dispositivos que generan información que viaja a través de la red, es necesario abordar algunos desafíos. obsoleto, tales como:

1. ¿Cómo procesar esta cantidad de información y hacerla útil?

2. ¿Cómo desarrollar soluciones de integración entre miles de millones de equipos y sistemas de grandes corporaciones?

3. ¿Quién será el desarrollador de estos sistemas? ¿Un ingeniero informático, electrónico o un analista de sistemas?

4. Debe establecerse un protocolo de comunicación entre dispositivos y los lenguajes de programación deben admitir API para acceder a estos protocolos.

Ya existen tecnologías que pueden ayudar en la minería y el procesamiento de datos, como las soluciones de big data de empresas como SAS, Oracle e IBM, superando así el primer desafío. Sin embargo, la resolución de este punto no es el foco de este libro.

El segundo reto ya cuenta con más de una solución, y entre las principales, podemos mencionar las plataformas Arduino y Raspberry Pi. Arduino es una plataforma de creación de prototipos compuesta por una placa de microcontrolador, un IDE y su propio lenguaje de programación basado en C y C ++. El hardware sigue los principios de "hardware de código abierto", es decir, tiene una especificación que puede ser fabricada por cualquier persona que esté dispuesta a construir su propia placa. El diseño de esta plataforma surgió como un proyecto del Instituto de Diseño de Interacción Ivrea de la Universidad Italiana, con la intención de proporcionar una solución de bajo costo para que los estudiantes de ingeniería pudieran desarrollar más fácilmente su trabajo académico.

El Arduino se puede conectar a múltiples sensores, estableciendo la comunicación bidireccional con ellos para que sea posible leer los datos del sensor y escribir comandos (encendido y apagado, por ejemplo) y parámetros de configuración como la precisión de la muestra, lectura continua o no, la dirección de rotación de un motor, etc.

Debido a las características anteriores, el proceso de desarrollo de una aplicación para la plataforma Arduino es ligeramente diferente del proceso de desarrollo de software para un microordenador. El código fuente se compila de la misma manera. Sin embargo, el producto de este proceso se escribe en el microcontrolador, y la aplicación se ejecuta siempre que el dispositivo está encendido (no hay ningún sistema operativo con ventanas e iconos para que el usuario inicie /termine la aplicación).

Raspberry Pi (RPi) es un microordenador completo con el procesador, ram y ROM (básicamente una tarjeta de memoria MicroSD), puertos USB, HDMI y Ethernet. Este ordenador es del tamaño de una tarjeta de crédito, funciona en sólo 5 voltios, y tiene interfaces que se pueden conectar a varios dispositivos.

Uno de los diferenciales de Raspberry Pi es que ejecuta un sistema operativo. Originalmente, sólo una versión de Debian personalizada para la arquitectura del procesador ARM, pero otros sistemas operativos también eran compatibles con Pi versión 2, como Windows 10, Ubuntu y otros. Debido a esto, tenemos varias opciones de lenguaje de programación disponibles para esta solución, como C, C ++, Java, Python, etc. Además, Raspberry permite una variedad de opciones de conectividad de sensores, como los protocolos I2C, SPI y UART. Incluso se puede decir que todos los sensores compatibles con Arduino son compatibles con Raspberry Pi.

Con todos estos diferenciales, ¿por qué elegir Arduino si Raspberry Pi puede ofrecerme más? A favor de Arduino, hay que tener en cuenta que además de ser más barato y consumir menos energía, también tiene puertos de entrada analógicos (capaces de leer información más precisa y no sólo 0s y 1s, como los digitales), lo que puede ser útil en algunas situaciones. La elección de qué plataforma utilizar, por lo tanto, debe hacerse de acuerdo con las necesidades del proyecto.

El tercer reto -que se desarrollará para IoT- es algo en lo que pensar, ya que requerirá un analista de sistemas con conocimientos básicos en electrónica. Las palabras poco frecuentes para un desarrollador, como resistencias, transistores y voltaje, se convierten en parte del vocabulario de los interesados en la IoT.

Así que el perfil de un profesional, o entusiasta, que quiere entrar en este universo de sensores, motores, etc., es el de un ingeniero? A primera vista, la respuesta es sí. Un ingeniero informático o electrónico, además del conocimiento electrónico, tiene una carga de trabajo universitaria muy interesante en lenguajes de programacióncomo C ++ y Java, lo que les da buenas condiciones para desarrollar una integración entre sensores y un sistema informático.

Si usted no tiene este perfil, sin embargo, no se preocupe y no se rinda para conocer este nuevo mundo que se presenta a través de la IoT. Probablemente tendrá un poco más difícil, pero no tiene que ser un "científico cohete" para obtener un LED encendido cuando la temperatura ambiente se pone demasiado alta, por ejemplo.

El último punto planteado sobre los protocolos de acceso de hardware y las API es donde Java entra en juego. Además de ser un lenguaje muy conocido en el mercado, y con un gran número de desarrolladores, también tiene una característica fundamental para la adopción en un escenario tan heterogéneo como IoT, el hecho de que es multiplataforma.

Hoy en día tenemos Java ejecutándose en artefactos simples como tarjetas, computadoras poderosas, tarjetas de cartón, dispositivos móviles y otros dispositivos con menos potencia de procesamiento y memoria. En esencia, Java mantiene las mismas características en todas las plataformas en las que trabaja, adaptándose únicamente a las particularidades de cada una. Así que tenemos algunos sabores de Java, y entre estas variaciones, dos se pueden utilizar para IoT: Java Micro Edition y Java Standard Edition Embedded.

Hasta mediados de la última década, Java Micro Edition (Java ME) fue la solución tecnológica líder para el desarrollo de software móvil (leer teléfonos y PDA), sin embargo, perdió terreno con el avance de los teléfonos inteligentes Android y iPhone. En este período de ascensión de teléfonos inteligentes, SUN ya había dejado a un lado Java ME, y Oracle no hizo mucho esfuerzo para traerlo ...

Al final de este libro, esperamos que todos los que lo utilizan ahora sean capaces de entender, aprender y enamorarse de la programación y el desarrollo de proyectos/software de forma sencilla y práctica a través de Scratch, Python, Pygame y Raspberry Pi Hardware-software, puedan entender los conceptos de computación y que los ejemplos demostrados puedan dar forma al razonamiento lógico dentro de cada persona.

Con los lenguajes de programación Scratch, Python y Pygame, creemos que los estudiantes que utilizan este libro podrán aprender de forma clara y práctica los conceptos básicos de la programación, como comandos de decisión, repetición, entre otros.

Referencias

https: //www.raspberrypi.org

http://wiki.python.org.br/

http://pygame.org/hifi.html

http://www.pygame.org/wiki/about

https: //www.raspberrypi.org/about/

http://www.cl.cam.ac.uk/~rdm34/

http://www.ukbusinessangelsassociation.org.uk/about

http://www.emma.cam.ac.uk/contact/fellows/?fellow=23 9

https: //www.raspberrypi.org/documentation/configuratio n / raspi-config.md

https://www.rapidonline.com/brands/raspberry-pi?Tier=Single+Board+Computers+%26+Microcontrollers

https://www.electronicspecifier.com/communications/then-and-now-a-brief-history-of-single-board-computers

http://www.newelectronics.co.uk/electronics- entrevistas / frutas de su-trabajo-entrevista-con-pete- Lomas-raspberry-pi-hardware-designer / 42132 /